世界で花開く日本の女性たち

国際機関で教育開発に携わるキャリア形成

Globally Successful Japanese Women: Careers of Education Development in International Organizations

小川啓一・水野谷優 編著

岩崎（吉川）響子
上野明菜
岡本紗貴
小原ベルファリゆり
加藤静香
國松茉梨絵
澤本亜紀子
荘所真理
林川（勝野）眞紀
松吉由希子
矢野智子

東信堂

はじめに

小川啓一

二〇二三年一二月、ユネスコ・国際教育計画研究所（IIEP）の理事会に出席するためにパリを訪問した際、IIEP技術協力部の部長として新しく就任された水野谷優先生（元ユニセフ・本部教育データ上級アドバイザー）とお会いしました。その際、水野谷先生は、パリで活躍されている日本人の教育専門家の方々との夕食会をアレンジしてくださり、国際機関職員の生の声を聴く貴重な機会をいただきました。参加された殆どは女性で、それぞれが多様な経緯で国際機関を目指し、ユニークな現場経験を積み、仕事と私生活を両立している様子をお伺いし、私は大変感銘を受けました。そして、彼女らの臨場感あふれる経験やリアルな現場の声こそ、国際機関で働きたいと志す人たちに伝えるべきことではないかと、本書の計画が始動しました。

一方で、本書の構想を練るにあたって、国際機関を目指す多くの日本人が直面するであろう問いに答えることも重要であると考えました。「国際機関ではどのような人材が求められているのか」、「国際機関に入るためにどのような準備・対策をするべきなのか」、「国際機関におけるキャリアをどのように形成していくべきなのか」など、これらの問いに応えてくれる身近なロールモデルがいることは稀でしょう。就職活動をする際、日本の学生は就職を希望する企業で活躍しているOB／OGを訪問することが一般的です。同様に、国際機関という組織においても、実際にそこで働いている本人から学ぶことで、キャリア形成をする上で必要となる様々なノウハウを得ることができるのではないでしょうか。

本書では、国際教育開発の第一線で活躍する専門家を執筆者に迎え、彼女らのキャリアパス、やりがい、苦悩や挑戦、国際機関で求められる心構えなどを、それぞれの経験をもとに「生の声」を紹介しています。また、読者の方々に、国際機関の多様性についても理解を深めていただきたいという想いから、ユネスコ、ユニセフ、世界銀行、経済協力開発機構（OECD）、教育のためのグローバルパートナーシップ（GPE）といった国際教育開発の最前線を担う様々な国際機関を取り上げています。さらに、本書の読者として、高校生から社会人まで国際機関を志す様々な年齢の方を想定し、インターンから国連ボランティア、スペシャリスト、幹部ポストに至るまで、様々なキャリアステージやキャリアパスに焦点を当てています。

本書を執筆するにあたって、神戸大学大学院国際協力研究科の大学院生に、国際機関で活躍されている女性専門家へのインタビューをお願いしました。インタビューでは、執筆者の方々が実際に経験されたストーリーを引き出し、様々な問題に対応するスリルを感じられるように心掛けてもらいました。執筆者のライフストーリーの紹介に留まらず、生き方や個性、人生哲学が見えるような形で本書を書いていただくことを目的に、下記の六つの点を中心にインタビューを行いました。そのインタビューを叩き台として、国際機関で活躍されている女性専門家に各章の執筆をお願いしました。

- 現在の仕事内容
- どうして国際公務員になろうと思ったのか
- これまでのキャリアパス
- 女性としてのキャリア形成
- 仕事と家庭のバランスについて
- 若手研究者・国際公務員を目指す若者へのアドバイス

本書は「国際教育開発」の専門家に焦点を当てていますが、異なる専門分野の方々にとっても意義のある内容を目指しました。国際機関で働き活躍するためには、分野に関わらず、共通のコンピテンシーを習得することが求められます。それは、主体的・積極的に動くことであり、異なる文化や背景を尊重し、理解し合う姿勢であり、コミュニケーションやチームワークといったソフトスキルを磨くことでもあります。

加えて、本書の特色は執筆者が全員「女性」である点にあります。意外に思われる方もいるかもしれませんが、国際機関で働く日本人職員の半数以上が女性です。これは、日本で女性が活躍しにくいとされる社会認識を超えて、グローバルな舞台で、女性がその能力を発揮している現実を反映しています。また、本書は、女性としてのキャリア形成や私生活とのバランスについて深く掘り下げています。例えば、出産や子育てなどによって、キャリアを一時中断しなければならない女性特有の難しさに触れつつ、それを支援する国際機関の体制について言及する章も含まれています。

そして、男性の方々にもぜひ、本書を手に取っていただきたいと思います。グローバルに活躍するために必要な対策・ノウハウは男女共通のものが多いという理由だけでなく、本書を通して、夫婦間の信頼と協力のもとで、長い人生の中で起きるライフイベントが進められるという視点が克明に浮かび上がります。性別や年齢を問わず、国際開発・国際協力への貢献を目指す人々にとって、本書がキャリアガイドとなり、全ての読者に勇気とインスピレーションを与えることを願っています。

最後に、執筆者の皆様にはご多用の中、本書のために貴重な時間を割いてくださり、心より感謝申し上げます。皆様の経験を惜しみなく共有していただいたことで、本書は多くの人々にとって価値あるものとなりました。また、神戸大学大学院国際協力研究科の八木歩さん、宇野耕平さん、廣瀬麻衣さん、石井雄大さん、美並立人さん、柴田菜摘さん、横川野彩さんには、アシスタントとして執筆者へのインタビューと、その文字おこしにご協力いただきました。改めて、感謝申し上げます。

小川啓一

そして、本書の出版を快くご承諾いただいた下田勝司社長をはじめ、東信堂の皆様の編集・校正等へのご尽力に深く感謝の意を表します。下田社長には、二〇二四年六月二八日から三〇日まで名古屋大学で開催された日本比較教育学会の第六〇回全国大会に参加した時に「本を出版されませんか」とお声をかけていただき、その四か月後には出版まで漕ぎ着けることができました。改めて、本書の執筆、校正、出版にむけてご支援をいただいた全ての関係者の皆様に感謝申し上げます。

目次／世界で花開く日本の女性たち――国際機関で教育開発に携わるキャリア形成

はじめに……小川啓一 i

第1章 国際機関で働き、キャリアを築くということ……林川（勝野）眞紀 3
――ユネスコで過ごした三〇年――
1. はじめに 責任ある「所長兼代表」として……3
2. ユネスコ・ジャカルタ地域事務所の新しいアイデンティティー……5
3. 知られざるユネスコ……7
4. ユネスコとユニセフはどう違う？……11
5. 国連の職員は「国際」がつく公務員……13
6. 国際協力の道に進んだ理由……17
7. 若者の国連への登竜門：アソシエート・エキスパート・JPO制度……19

8. ユネスコでキャリアを築くこと ……… 21
9. ワークライフバランスについて ……… 24
10. JICAで得た経験 ……… 25
11. 今後の展望――幼児教育にかける夢 ……… 26
12. 国際機関を目指す若者へのメッセージ ……… 28
13. 次世代の女性たちへのメッセージ ……… 31

第2章 葛藤と決断の国際機関のキャリアパス ……… 矢野智子 32
――一〇年後、二〇年後のゴールを見据えて――
1. 現在の仕事内容について：国の基礎を作る仕事 ……… 32
2. 国際公務員になろうと思った理由、経緯とキャリアパス ……… 34
3. 女性としてのキャリア形成・家庭と仕事の両立 ……… 41
4. 若手研究者へのアドバイス ……… 44

第3章　教育協力で国際貢献と自己実現……………小原ベルファリゆり　48
――仕事、家族、自分のバランスを追求して――
1．はじめに……………………………48
2．教育と国際協力へのきっかけ……………………50
3．東南アジアで国際協力の第一歩……………………52
4．裏道国際派への道……………………54
5．ユニセフ、世界銀行からOECDへ……………………56
6．女性としてキャリア形成……………………64
7．国際機関の道を目指す若者へのアドバイス……………………67
第4章　OECDで活躍するかっこいい女性たち……………加藤静香　70
――「キャリアOR家庭」を超えて――
1．クライアントは各国政府　政策アナリストとしての仕事……………………70
2．OECDまでの道のり……………………75
3．学びから実践へ　英語で仕事をするに至るまで……………………80

4. 国際機関にいる「かっこいい」女性たち …… 82
5. 仕事中心になりがちな日々の中で …… 84
6. これからのキャリアステージを見据えて …… 88
7. 失敗してもいい、強みを武器に …… 90

第5章 GPEから日本の教育協力を見直す …… 松吉由希子 95
――国際公務員として、日本人として――

1. GPEについて …… 95
2. GPEの協調的支援モデル …… 98
3. 現地レベルからグローバルレベルへ …… 100
4. 途上国から期待される教育大国の日本 …… 102
5. バックパックから国際舞台へ …… 105
6. アフガニスタンが教えてくれたこと …… 107
7. 外務省での学びと気づき …… 110
8. 女性視点の可能性 …… 113

9. 国際協力のキャリアが突きつける現実……115
10. 次世代の国際公務員へ……117

第6章 国際機関で「好き」や「得意」を仕事に
――グローバル課題にモニタリングから向き合う――……岩崎（吉川）響子 119

1. GPEでのモニタリングの仕事……119
2. すべての始まり――スペイン留学とマドリード電車爆破事件の衝撃……121
3. 人生を変えたメキシコでの二か月間……123
4. 卒業、就職、そしてイギリスへの大学院留学……125
5. 外務省での仕事――公益のための仕事に出会う……127
6. 開発の現場へ、そしてモニタリング評価の世界へ……128
7. GPE事務局　初めての国際機関勤務……130
8. 「好き」や「得意」を仕事にする――国際機関を目指す方へのメッセージ……132
9. 終わりに――グローバルキャリアのすすめ……134

第7章　教育支援の現場で紡ぐキャリア………………國松茉梨絵　136
——教育の使命と力を信じて——
1. 紛争地での使命——現在の仕事とその挑戦……136
2. 国際公務員を志したきっかけと学生時代……138
3. 挑戦と成長の歩み……141
4. 国連のキャリアへの挑戦……143
5. 女性としてのキャリア形成……147
6. 家庭とキャリアの両立……150
7. 国際機関を目指す方へのアドバイス……152

第8章　専門の「軸」を貫くキャリアパス………………上野明菜　154
——積極性・行動力が繋いだ縁の中で——
1. はじめに……154
2. 彷徨い歩く子どもたち——問題意識の原体験……156
3. 日本の学校現場で考えた貧困と教育……159

4．国際機関に備えて：大学院で感じた日本とのギャップ …… 161
5．「教育」を軸にＪＰＯに挑戦 …… 164
6．ユニセフ・ラオスの経験：現場仕事の難しさとやりがい …… 168
7．女性としてのキャリア形成 …… 171
8．仕事と家庭のバランスについて …… 172
9．若い時から備えられる八つのこと …… 173

第9章　国際機関への多様な入り口 …… 岡本紗貴　178
――初期キャリアの不安と期待に目を向けて――

1．ユニセフ現地事務所での国際協力 …… 178
2．国際公務員を目指す原点 …… 180
3．青年海外協力隊への挑戦 …… 182
4．協力隊後のキャリア転身 …… 184
5．女性としてのライフワークバランスの難しさ …… 187
6．これから国際公務員を目指す方へ …… 189

第10章　成果主義の世界銀行で働くということ
――日本人の強みを活かし、組織に貢献する――　荘所真理　194
1. 現在の仕事の内容　194
2. 国際公務員を目指したきっかけ　198
3. 世界銀行におけるキャリア　201
4. 女性としてのキャリア形成　204
5. 仕事と家庭のバランスについて　205
6. 若手研究者とか国際公務員を目指す若者に向けてアドバイス　206

第11章　失敗を恐れず、扉を叩く国際機関のキャリア形成
――人類学の視点が他にない強みに――　澤本亜紀子　209
1. 世界銀行での教育セクター業務　209
2. 国際貢献の道を目指すようになった原点　215
3. 大学院留学から始まったキャリアパス　217
4. 今後のキャリアパス　223

5．国際貢献の将来を担う若手研究者・国際公務員を目指す方々へ …… 225

おわりに …… 水野谷優 229

神戸大学大学院国際協力研究科・学生アシスタント一覧 …… 235

執筆分担者 …… 239

編者のプロフィール …… 240

世界で花開く日本の女性たち

——国際機関で教育開発に携わるキャリア形成

第1章　国際機関で働き、キャリアを築くということ

——ユネスコで過ごした三〇年——

林川（勝野）眞紀

1．はじめに　責任ある「所長兼代表」として

二〇二三年七月よりジャカルタ地域事務所で所長をしています。東南アジアの地域事務所としてインドネシアの他、ブルネイ、マレーシア、フィリピン、そして東ティモールの五カ国を管轄しています。事務所所長として、事務所の運営管理全般及び各国で実施されるユネスコのプログラム活動の統括・指揮が主な仕事です。所長なので、私が直接プログラムの実施に関わることは少ないですが、元々教育専門官として長年現場で働いてきた為、プログラムの戦略立案・活動計画・モニタリング評価活動などに関しては担当職員たちと綿密に相談し、サポート

します。

ユネスコの事務所所長は管轄国に於けるユネスコ事務局長の代表の任務も担っており、政府機関、他の国連機関や駐在外交使節団への対応、外交的協議・交渉なども仕事の大きな部分を占めます。特に現場にいる職員の特徴として、ジャカルタ事務所が管轄する四カ国（ブルネイはマレーシアのＵＮＣＴが担当している為）それぞれにある国連カントリーチーム（ＵＮＣＴ）にユネスコ代表として参加し、国連全体の活動に関するプログラム調整やモニタリング評価などにユネスコの立場から協力・支援しています。ＵＮＣＴは国連常駐調整官（ＲＣ）の元で毎月定期会合が開催されるのですが、インドネシア、フィリピン、東ティモールそしてマレーシア（含ブルネイ）それぞれのＵＮＣＴで協議される議題・課題を一人で熟すのは意外と大変で、時々ＵＮＣＴでの協議内容を混乱してしまうこともあります。

ちょうどジャカルタに赴任して満一年が経ったところですが、「所長兼代表」という立場は忙しいけどやり甲斐のある仕事だと感じています。所長として事務所運営のみならず、分野横断でプログラム活動の指導と指揮も執らねばならないので、毎日一日がすぐに過ぎてしまいます。その上、自然科学分野や情報通信分野などは特殊専門知識を求められる事が多々あり、そもそも教育が専門の私は初めて聞くような専門用語と日々奮闘しています。専門機関であるユネスコの事務所所長は広範囲で分野事に特化した深い専門知識を求められるので、おそらく国連機関の中でもなんだかんだ一番難しい仕事だと思う事がよくあります。

2. ユネスコ・ジャカルタ地域事務所の新しいアイデンティティー

ユネスコはパリに本部があり未だ本部主導の色が強い専門機関ですが、世界に五二の地域・国事務所があります。全加盟国一九四カ国のうち事務所は五二カ所だけですから、当然一つの事務所が地域事務所として数カ国管轄することになります。最近、ユネスコの地域事務所の組織体制が大きく改革され、今まであった分野専門の地域事務所の制度が廃止されました。アジア太平洋地域にはこれまでタイのバンコクに教育の地域事務所そしてジャカルタに自然科学の地域事務所があり、それぞれが全アジア太平洋地域四六カ国を管轄していました。

しかし、二〇二三年より五六年間自然科学のアジア太平洋地域事務所として存在していたジャカルタ事務所は教育、自然科学、文化、情報通信及び社会人文科学の全五分野での事業活動を展開する地域事務所となり、地域管轄範囲も東南アジア五カ国に縮小されました。その為、事務所の職員構成も多少変わり、以前は四—五人いた自然科学の専門官は二人に減り、代わりに教育専門官は一人増員となったり、現行の予算年度（二〇二四―二〇二五）では事務所の事業活動予算も調整され、少しずつプログラム間のバランスが図られるようになりました。ただ、限られた予算と人員で人口大国のインドネシアから小島嶼開発国の東ティモールまでをジャカルタから一手に見るのは容易なことではありません。構造改革からようやく一年経ちましたが、未だ新しい環境下で如何に効率的かつ効果的に管轄加盟国への支援の成果を上げていくか事務所全体で試行錯誤する日々が続いています。

世界文化遺産ボロブドゥール寺院（インドネシア）にて現地ガイドと

3. 知られざるユネスコ

ユネスコは国連の専門機関として国連本部とは別に独自の加盟国（現在一九四国）で成り立っており、最高意思決定組織である総会が二年に一度開催され、間に執行委員会が年二回開催されながら、ユネスコの事業戦略（八年間）と予算（二年ごと）が決定されます。あまり特記されないのですが、ユネスコは専門機関として国の社会経済発展の段階に関係なく多岐にわたり加盟国と仕事をします。ユネスコの主な事業は加盟国への政策助言、技術協力、能力開発支援、知的交流・知見共有及び啓蒙活動が大半を占めています。そのため加盟国から要請があれば、開発途上・先進国、高低所得にかかわらず活動します。多くの国連組織が開発途上国・低所得国中心に現場で実働部隊が活躍する中、ユネスコの活動は先進国だけで実施されることも少なくありません。知的交流・知見共有活動も北南・南南協力を通じて多角的に実施しています。また、ユネスコには専門機関として関連分野における国際規範・基準作り及びそのモニタリングの機能が備わっており、総会で採択された規範・基準は全加盟国に適用されます（注：ただし各国がその規範・基準を国内で批准するかは別問題）。フィールドで大々的に人道的援助に携わることはあまりなく、そのような活動は紛争地域や非常事態下にある限られた加盟国に於いてのみ展開されています。国内外の政情及び社会経済の動向を注視しながら、担当分野での政策課題を国のカウンターパートと検討・協議し、それに対して専門的知見から提言・助言するのは専門機関の大事な役割と存在意義と言えます。

さて、嬉しい事にユネスコは日本では意外と知名度があります。日本人は世界遺産が大好きだからというのもありますが、実は民間ユネスコが一番活発な国であることも関係していると思います。学校レベルでのユネスコ・スクール、市町村でもユネスコ・クラブやユネスコ協会が多くあります。そもそも、意外と知られていないことなのですが、敗戦国であった日本が最初に加盟を認められた国連機関はユネスコでした。これは戦後直後に立ち上げられた民間ユネスコ活動のおかげだと言われています。日本はユネスコの加盟国として一九五一年に加盟し、その後一九五六年にやっと国連に加盟が認められました。日本にとってそんなユネスコですが、具体的な活動となると文化以外ではあまり広く一般に知られていないのは少々残念に思うことがあります。確かに、ニュースやドキュメンタリーなどが作り出す国連のイメージでは途上国や危険な現場での緊急援助や人道支援が強調されているため、その様な場面にあまり取り上げられないユネスコは目立たないのかもしれません。しかし、ユネスコは「報道の自由」や「ジャーナリストの安全保障」、昨今話題の人工知能（ＡＩ）の倫理的開発と利用の国際規範の策定、また、津波警報システムの基準構築・技術支援など、実は我々の日々の生活に直接関わってくる課題にも多く取り組んでいるのです。

私はユネスコに通算三〇年勤めていますが、パリの本部（三回）とアジアの地域事務所（北京、バンコク、ジャカルタ）の両方で勤務してきました。今回もインドネシアに異動する直前は本部の教育局にいましたが、やはりフィールド現場にいる方が断然仕事が楽しいし、やり甲斐があります。本部でもハイレベル会合が開催されたり、有名人が訪問してきたり、よりグローバルなプログラムが展開できたり、加盟国による文化イベントが開催されたり、本部ならではといった醍醐味もあります。しかし、本部の性質上、結局は事務局内の事務的作業が中心となり、ヒエラルキーもはっきりしているので、ジュニアな立場ではあまり責任ある仕事は任されません。また、各加盟国の駐在代表部が主なカウンターパートになりますが、多くの場合は代表部の職員は外交官であって分野の専門家では無いので、必ずしも専門技術的な協議・交渉ができるとは限りません。更に近年、世界情勢の急激な変動のせいもあり、加盟国のユネスコのプログラムへの政治的関心が顕著になってきており、私も本部にいた時は、純粋に専門的な提言・協議をしたいと思ってもなかなか理解されず、もどかしく感じることがしばしばありました。

それに対し、フィールドの事務所では管轄国の政府のカウンターパート、現地のステークホルダーたちと直接仕事をします。自分が提案・計画したプロジェクトを現地のパートナーと一緒に直接実施することができます。今の所長としての立場では、関係省庁の大臣と直接会って政策の話をしたりすることもしばしばです。小さいフィールド事務所だと分野専門家が自分一人しかいない事が普通なので、どんなにジュニアでもユネスコのプログラム・スペシャリストとして国政に助言し、影響を与えることができるのは大変責任が重いことですが、やり甲斐はあります。

本部勤務で数年経つと自分が現場からどんどん離れて行く不安が募ってくるのです。だから毎回本部に戻って数年経つとフィールドに戻りたくなり、関心のある空席が公募に出るとすぐに応募していました。もちろん、本部での勤務も自分の意思で応募して採用された結果で、いやいや本部に戻ったわけではありません。私の場合、幸い毎回昇進付きで本部のポストに異動でき、段階的に責任のある立場を本部で幅広く学び経験することができたので、とても恵まれていたと思います。今回、所長としてフィールドに戻って来ることができたのも、本部で色々と揉まれてきたお陰だと思っています。

4. ユネスコとユニセフはどう違う？

私がユネスコに勤めていると話すと、往々にして「ユネスコとユニセフ（国連児童基金）の違いってなんですか？」と聞かれます。特に教育の仕事をしていると説明すると、「それはユニセフの仕事じゃないんですか？」と言われてしまいます。確かに日本人にとってユネスコは、世界文化・自然遺産を管理している組織としてはよく知られていますが、上述のように他の分野はあまり知られていないので、教育はユニセフの担当と思われてしまうようです。実際、国連の中で教育開発協力となるとユネスコとユニセフは同じような活動を実施していることが多いので、一般の人には区別が付かないのも仕方ないかもしれません。ユネスコとユニセフの両機関が競合して活動が重複し効率性に欠けるとか予算の無駄だとか非難される事も時々あります。

しかし、この二機関には本来のマンデートと得意分野に明らかな違いがあります。ユニセフが本来、子供への緊急援助・人道支援から始まった組織として、即効性のある現場でのオペレーション展開を強みとしている一方、ユネスコは緊急時への対応に遅く瞬発性に欠け、事業の面的広がりが弱いですが、長期的・持続的に政策支援・能力強化に従事して国の発展に付き添います。当然、国が発展すればするほど、緊急・人道支援的事業展開は常時必要ではなくなるので、その様な国ではユニセフの活動は縮小する傾向にありますが、ユネスコの活動は性質やフォーカスが国の社会経済の発展状況に合わせて調整されていくので、どの様な国でもユネスコの事業は妥当性があります。そして、教育分野に特化すれば、ユニセフは子供の基礎教育の支援が主な関心事ですが、ユネスコは幼児教育から高等教育、学校教育から成人教育、識字や生涯教育、教育全分野で加盟国を支援しています。

お互いの得意分野と優位性をしっかり理解し認め合っている場合、ユネスコとユニセフはよい協力関係を築き共同事業を展開することができます。実際に国レベルではユネスコとユニセフは多くの場合、密接な協力・協調関係にあり、対象国への支援の相乗効果を図っています。私も最初の赴任地の中国では、現地のユニセフの教育チーフと頻繁に共同で活動を計画し、教育省との三者協力体制を作っていました。当時、教育省に比較的簡単にアクセスのあったユネスコが政策策定の協力をリードし、その政策のパイロット実施の際にユニセフが地方でプロジェクトをリードし、その結果をまた教育省と検証・検討し、政策をさらに改善すると言うサイクルで、お互いのマンデートと優位分野で貢献する事ができました。

5. 国連の職員は「国際」がつく公務員

日本のニュースなどで報道される国連は、国際協力・外交の世界の頂点にある組織として映されるので、やはり国連職員は華やかでかっこいい仕事だと思われるかもしれません。将来的に国際機関で働きたいと想っている方のイメージを壊すつもりはありませんが、国連職員はどの組織であっても公務員であることを忘れてはいけないと思います。「公務員」である一つの理由は、国連事務局・専門機関の職員は基本的に加盟国の拠出金（つまりは加盟国国民の税金）からお給料が支払われているからです。プロジェクト付きの職員もいますから全員とは限りませんが、ユネスコの場合は多くの職員が加盟国の拠出による通常予算でできているポストについています。だから、すべての加盟国に対して隔たりなく公平・公正に政策支援・技術協力を提供し、加盟国からの支援依頼に応えることが期待されます。

どの国連組織も本部であれば多かれ少なかれ官僚的なところがあり、事務的作業に埋もれる日々も珍しくありません。私は所長なので、日々、予算管理、会計処理の確認、契約書の承認から人事管理・採用、職場の福利厚生活動の計画など、結構地味な仕事をしていて、全く派手な所はありません。もちろん緊急・非常事態になった場合は緊迫した状況で仕事をすることもありますが、事務作業がなくなるわけではありません。紛争地域で命に関わる状況で作業をする事があれば、安全保障・管理の研修も受けます。でも、だからと言って国連職員がとても特別な職業であるというわけではないと思います。

国連で働く人は公務員ですが、当然、国際機関なので色々な国籍の人が一緒に働いています。多様な文化や考え方が混在し、職員の国籍の数だけ「常識」があると言われています。そして「常識の違い」は仕事に対する態度、効率性、時間管理の捉え方などに反映されるので、同じ組織の同僚だからと言えども、阿吽の呼吸で一緒に仕事できるとは限りません。もちろん、国連が謳う普遍的人権に基づく価値観・倫理は皆尊重しコミットしていると思いますが、その解釈も時折同僚間で相違が見られる事もあります。

ユネスコ本部の場合、通常の仕事の言語が英語とフランス語の二か国語なので、内部の会議では職員が得意とする方の言語でプレゼンしたり議論したり、質疑応答も英語で質問してフランス語で返答が来るなど、日常茶飯事です。一見、不思議な職場環境だと思います。また、残念なことにユネスコや国連でも妬み、パワハラ、セクハラなどのケースも珍しくはありません。上司に自分の成果を横取りされたと言う話もよく聞きます。そのため、自分の身は自分で守るという術も培わねばなりません。

このような国連機関で働くのに一番大切な要素は、専門性を持ち言語に堪能である事は当然として、むしろ多様な環境に柔軟に対応・適応しながら、自分の信念はしっかり持ってくじけないレジリエンスだと思います。ポジティブ思考も大事だと思います。

実は理想を持っている事も大事です。国連という組織は決して生活の糧を得る為に就職する職場ではありません。国連の理念に共鳴し世界の平和の為に貢献したいと確信して初めて国連組織の戸を叩くべきです。現実をしっかり見つめながら理想を追うということです。理想だけだと幻滅します。せっかく希望と理想いっぱいで入ってきた若い人たちが官僚的なユネスコを目の当たりにして、一年で辞めてしまったケースを私も結構見てきました。

ユネスコも人事に関してはかなりシビアで、組織が掲げる理念とは裏腹に、事務局内部は意外と政治的で競争社会です。年功序列制で昇進することはないので、昇進又はポジションを替えたい時は自分でポストを勝ち取らねばなりません。だから自分からポストに応募しなければ、一〇年、二〇年と同じポジションにずっと留まる事になります。一方要領よくまだ若いのに、毎年昇進していく人もいたりします。ユネスコの場合、正規職員といっても終身雇用制ではなく契約制で、二年ごとに契約が伸びます。幸い、ユネスコではよほどのことがない限りほぼ問題なく契約が自動更新されますが、正規職員ポストが少なく、プロジェクトベースのポストが主なユニセフでは自動更新はプロジェクト予算次第であり、長期間継続してポジションを確保することはなかなか厳しいです。私もユニセフにいた時はプロジェクト付けのポストで、予算が継続確保できない場合は二年後に契約が更新されない可能性もあったので、結局ユネスコに戻る事にしました。戻ると決めた時、たまたまパリ本部に課長ポストが公募に出ていたので応募したら採用されて、めでたく昇進もできました。

因みに、ユネスコの場合は加盟国の拠出額によって採用できる国籍枠が設定されています。二〇二三年にアメリカが復帰する前の日本は中国についで拠出額が二番目だったので日本人の採用枠は上限六〇~六五人ぐらいでしたが、アメリカ復帰後は日本は三番目になったため、現在は三〇人ほどまでに減ってしまい、すでに勤務している邦人職員数が上限枠を上回っている為、日本人の新規採用はしばらく厳しいかと思います。

この様なユネスコを含む国連機関の現実を理解した上で、理想と信念をしっかり持ち長期的視野で自分が成し遂げたい大きな目標に向かっていけば、国連機関で働く意義は自ずと見えてくると思います。

6. 国際協力の道に進んだ理由

私は子供の頃アメリカ・ニューヨークに住んでいました。当時、小学校の社会科見学で国連本部に行く機会がありました。まだ七〇年代初期のアメリカでは日本人の駐在員もそう多くなく、私も最初の年は小学校で唯一の日本人でした。そのため、国連で色々な国の人が普通に働いているのを見て、子供ながらすごく新鮮でした。毎年ハロウィンの時期になると地元のユニセフ協会の人たちが学校にやってきて、アフリカの貧しく恵まれない子供たちのために寄付金を集めましょうとオレンジ色の貯金箱を配っていました。いわゆるユニセフの「小さなオレンジの箱」です。そのオレンジ色の貯金箱を持ってハロウィンの日に近所の人たちからお菓子をもらうと共に小銭を入れてもらい、翌日、ユニセフ協会の人たちが学校に貯金箱の回収に来ました。その頃は自分より恵まれない可哀想なアフリカの子供たちのために自分もちょっとだけ役に立てたんだと誇らしく思ったものでした。

しかし、私が仕事として国際協力の道に関心を抱き、国連、特にユネスコで働きたいと具体的に思うようになったのは高校生の時です。当時、私は東京都港区のみなとユネスコ協会の青年会員をしていました。青年会の活動として第三国移送前に東京湾近辺で一時滞在していたべトナム難民の子供たちとの交流会が開催されました。ベトナム難民の子どもたちと一緒にゲームやスポーツをしたりしている時、ベトナム難民の子どもたちから彼らが経験した大変な思いを聞くことになりました。命がけで船に乗ってやってきてこれから行く先ではまず学校に行きたいという話を聞いて、どれだけ自分は幸せなのか、このような子どもたちの為に自分は何かできないのかと考えるようになりました。教育者だった祖父と母の影響もあり、教育の仕事には馴染があり自分も教師になりたいと思ったこともあるのですが、いっそのこと教育を通じて国際的な仕事ができたら一石二鳥だと考えているうちに、やはり昔見学した国連が漠然と浮かんできました。そして、ユネスコの民間活動を通してユネスコ憲章にも出会い、その前文にある「戦争は人の心の中で生まれるものであるから、人の心の中に平和のとりでを築かなければならない」と言う文書に非常に心を打たれ、将来はユネスコで働きたいと思うようになりました。

ちょうど高校卒業する頃に父がイギリス転勤となり、私も同行して結局ロンドンで大学に入ることができました。将来、国連、特にユネスコに入るには何を勉強したら良いのかといろいろと調べた結果、大学は国際関係論、大学院で教育学を専攻しました。そして、大学院の時にパリのユネスコ本部に研修でいく機会があり、その際に邦人職員の方たちに会ったり、駐ユネスコ日本代表部を訪問し、具体的なキャリア・アドバイスをいただくことができたのは、今日でもとても感謝しています。

7．若者の国連への登竜門：アソシエート・エキスパート・JPO制度

私は正規職員のポストに本部で最初に採用された後、四―五年毎に異動しながら現在のジャカルタ事務所にたどり着きました。最初のフィールドは北京事務所、続いてバンコク事務所に二回赴任しました。北京とバンコクの間に休職して一時帰国し、JICAで働く機会も頂きました。バンコクではユネスコとユニセフの両方の事務所で働き、本部でも結局三度働きました。本部とフィールド事務所の両方に行ったり来たりしている人は、実はユネスコ内ではあまり多くなく、大多数が本部でしか勤務したことのないユネスコ職員の中で私のキャリアは珍しい方に入ります。その上、JICAやユニセフに出向したりもしているので、ユネスコ内の若い人のみならず人事局からも時々キャリア形成の相談に乗ってほしいと頼まれます。

さて、私は大学院修了後帰国し、一年間の開発研究所での勤務の後、外務省が実施しているアソシエート・エキスパート（AE）及びジュニア・プロフェッショナル・オフィサー（JPO）の制度を通じてユネスコ本部に派遣されました。AE／JPO制度はキャリア初期の若い人た

ちの国連への登竜門みたいなもので、ユネスコへは基本的に加盟国の先進諸国が中心で、日本以外ではフランス、イタリア、ドイツ、オランダ、北欧四カ国などが主なＡＥ／ＪＰＯ派遣国です。最近では中国や韓国も派遣するようになりました。日本の場合、外務省の国際機関人事センターが窓口となって毎年採用されていますが、採用人数は年によって違っているようです。私がＡＥ／ＪＰＯ制度を受けたのは三〇年以上も前のことなので最近の募集要項はわかりませんが、その時は四五人が採用（半分は官公庁からの出向者）され、二年間それぞれ希望の国連機関に派遣されました。ＡＥ／ＪＰＯである二年間は日本政府が拠出してポジションをサポートしてくれます。

ユネスコの場合、ＡＥはＰ２レベルで採用され、「アソシエート・プログラム・スペシャリスト」の肩書を使います。ユネスコではＰ１からＰ５がプログラム専門家で、その上のＤ１（部長・所長）以上から上級管理職となります。二年間ＡＥとして日本政府の支援を得た後、継続してユネスコに残りたい場合は自分で新規にポストを見つけなくてはなりません。私は幸い外務省が半年の期間延長を承認してくれ、二年半ＡＥをした後、配属先のセクションにＰ３の空席が出たのでそのポストに採用してもらうことが叶いました。ここからが私のユネスコ人生の本当の意味での出発でした。

因みにユネスコにはAE／JPOの他にもYPPという若い人を採用する制度があります。これはユネスコが独自に実施している制度で、国籍枠に満たない加盟国からの若者に限って応募できます。YPPに採用されると、すぐにP1レベルで正規職員のポストに付き、いろいろな部局に配属されます。JPOと違い基本的にYPP終了後のポストが保障されています。一方、AE／JPOは加盟国の外部予算で設置されるポストなので、二年後の保障は何もありません。ただ、YPPは残れる保障があっても、P1からのスタートで皮肉にも昇進が難しい事でもよく知られています。また、希望の部署に必ずしも配属されるとは限らず、将来的保障のないものの、AE／JPOの方が希望の部署・職種につくことができる可能性が高く、P2で始めるので将来的にはAE／JPOの方が得したというケースも多々あります。

8. ユネスコでキャリアを築くこと

私は通算三〇年間ユネスコに席を置きながら、それなりにキャリアを築くことができましたが、自分でもかなり運が良かったと思っています。「運も実力のうち」と良く言われますが、ユネスコの場合、本当に「運」は「運」でしかなく、どんなに実力があってもポストが取れなかったり、何年も同じポジションで昇進できなかったり、キャリアを築くどころか組織で「生き残る」のも決して簡単なことではありません。私がそもそもAE任期後に正規職員のポストが取れたのも、たまたま好タイミングでポストが空いたお陰で、もしそのポストがなければ、その後全く別の道に進んでいたかもしれません。

当然、実力・実績も必要で、運だけでは生き残ることはできません。ポストがあっても採用されなければだめだし、移動や昇進の機会があったら自分の人生計画と合致していなくても積極的に挑んでいかねばならない時もあります。このため、残念ながら能力がある人でも家族の都合や赴任地が嫌だからと言って、チャンスを逃してきた人を沢山見てきました。私は特に野心家ではないのですが、自分のやりたい事に合致したチャンスがあると後先考えず行動起こしてしまう方なので、ユネスコ内で関心あるポストが公募に出るとすぐに応募したり、他機関での出向機会があると引き受けたりしてきました。そして、様々な場所や立場で仕事をしているうちに専門分野でのネットワークが広がり人脈もでき、それらは今の所長としての仕事にも活かされています。

ユネスコでとても若くして就職すると、能力を認めてもらい仕事を任せてもらえるようになるのに多少時間がかかります。そもそも日本の会社みたいに新入社員研修もないし、上司が丁寧に指導してくれるとは限らず、仕事も個人プレーなところが多いので（最近はチームワークの重要性が謳われるようになっていますが）、ユネスコに来る前に何かしら仕事経験がないと最初はかなり苦労します。現に私もＡＥでユネスコ本部に着任した初日、出迎えて案内してくれる人はおらず、受付で聞いて何となく一人で自分のオフィスと上司を探しました。たまたま総会が始まる時期で上司が多忙だったので、最初の二ヶ月間はほったらかしにされていました。総会が終わった頃、やっと上司と仕事の内容を話すことができ、事務的なことを知るために、ある日、上司の秘書を連れ出して、目の前で一から教えてもらったことが今ではとても懐かしいです。

近年はだいぶ改善されて、若い人に限らず新しい人が入ってくると、人事部によるオリエンテーションがあったり、部局内で歓迎会があったりとか、親切になったと思います。これまでの自分のユネスコでのキャリアを振り返ってみて一番重要だったと思うのはやはりどんな状況下にあっても国連の理念を忘れず、国連職員として誠実であり、自分の信念は曲げない言うことです。そして、チャンスは逃さず、これは自分の実績・成果であるという自信を持って仕事することだと思います。

9. ワークライフバランスについて

ユネスコで専門家としてキャリアを築いていく上で、やはりワークライフバランスを保つのも大切です。特に女性でしたら、出産・育児はどうしているのかと気になるかと思います。私もユネスコに入ってから結婚し、二人の子供を育てました。一人目はパリで、二人目は北京で出産しました。すでに二人とも成人していますが、振り返ってみると、育児しながら働く女性の職場としてユネスコは恵まれている場所だと思います。特にフィールド事務所では現地でお手伝いさんを雇え、本部とは違い自分の仕事は自分でかなり管理でき、残業もあまりないし、有給も普通に取れます。ある程度、保健衛生環境が整備されている国で子供が健康であれば、途上国での勤務は意外と育児に優しい環境だと思います。子供が学齢期になると適切な学校の有無によって、駐在国を少し考えなくてはなりませんが、最近は途上国でもインターナショナルスクールが増えているので、子供と一緒に移動するのは不可能ではないと思います。

育児よりもおそらく配偶者と一緒に家族全員で移動し続けることの方が多少大変かもしれません。私の場合、子供たちが小さい頃は夫が私の移動の都度、前の仕事を辞めて現地で新しく仕事を見つけて同伴してくれました。夫は日本人なので、妻の転勤に同伴する男性は珍しいねと言われますが、そんな理解ある夫のお陰でここまで来られたと思います。

10．ＪＩＣＡで得た経験

私は基本的にユネスコ三昧人生を歩んできましたが、縁あって国際協力機構（ＪＩＣＡ）へ人事交流という形で二年間ほど出向する機会にも恵まれました。北京事務所の四年目に夫が日本で就職することになり、ちょうど下の子供が生まれたばかりで子供が二人共小さかったので、私も育児休暇を取って一緒に帰国することにしました。育児休暇の申請過程で当時ユネスコの事務局長だった松浦晃一郎さんから、ユネスコとＪＩＣＡの協力関係を強化したいので人事交流でＪＩＣＡに出向しないかと話を頂きました。当時の上司もいい経験になるから是非ＪＩＣＡへの出向を受けるべきだと推してくれ、ＪＩＣＡで二年間お世話になることになりました。

ＪＩＣＡでは教育の専門家として新規案件の事前評価調査、継続中のプロジェクトのモニタリング評価などに参加し、指南作りに携わったり、ユネスコ・バンコク事務所とノンフォーマル教育の地域会合の共催を担当したりしました。ＪＩＣＡでの二年間はとても密度の濃い経験で、教育援助以外でも、ＯＤＡ大国の日本の外交政策やバイとマルチ開発援助の違いなど、多くのことを勉強することができました。また、ＪＩＣＡの教育開発援助に関わっていた職員の皆さんはとてもいい人たちで、日本語が時々おかしい私に辛抱強く色々と教えてくださいました。本当に多くの日本語の開発援助用語を学びました。ＪＩＣＡを去ってもう何年も経ちますが、今でも当時一緒に仕事していた職員の方たちと交流があります。私は日本の大学に行っていないし、日本国内ではユネスコに初めて派遣される前の一年間研究所にいた程度だったので、ＪＩＣＡの仕事を通じて日本でのネットワーク・人脈も作ることができ、その後の開発援助の仕事に大きなプラスになりました。

11. 今後の展望――幼児教育にかける夢

ユネスコにＡＥで派遣された時にはまさか自分がユネスコでこんなに長く働くことになるとは想像もしていませんでした。もちろん、まだジャカルタの後どこに移動するか未定であり、ユネスコから定年するとも決まっていませんが、一般的な定年の年齢に少しずつ近づいてくると、人生の第三章では何をしたいかと考えることが増えてきました。そんな時にまず思うのは、やはり本業に戻って幼児教育分野での国際協力の仕事に関わりたいと言うことです。

私はユネスコの仕事のなかで幼児教育を担当していた期間が長く、バンコク事務所勤務時代に、アジア太平洋地域で初めての保育・幼児教育の地域ネットワーク（Asia-Pacific Regional Network for Early Childhood＝ARNEC）をユニセフとプラン・インターナショナルと一緒に立ち上げました。その後ＡＲＮＥＣは独立し、現在も活発に活動しており、メンバーもリーチも増え、毎年ハイレベルな専門家地域会議を開催しています。それでも、質の高い保育・幼児教育は未だすべての子供がその恩恵受けることはできず、二〇三〇年持続可能な開発アジェンダの教育目標（四・二）

ウズベキスタンで開催された世界幼児教育会議にて（2022）

にも掲げられている幼児教育の無償化を実現できている国もまだ少数です。アジア太平洋地域には、国際的な現場で活躍できる専門家が今も少なく、政策提言や投資効果を証明するデータやエビデンスも不足しています。しかし、子供はどんどん成長して待ってはくれません。だから私が引退してから始めることではありませんが、現状が急変するとも思えないので、退職後にはすべての子供が無償で質の高い、保育・幼児教育が受けられるよう、もう一度幼児教育の発展にもっと具体的に貢献できたらいいなと思っています。

12. 国際機関を目指す若者へのメッセージ

個人的な経験からだけではなく、もっと国際機関を目指す若い日本人が増えて欲しいと思います。昨今、緊張が耐えない国際情勢ですが、日本には平和国家として国際協力・協調をリードしていく責任があると思うからです。日本人が国際公務員になると日本のために働く事はできませんが、日本の知見・経験を持って国際社会との架け橋になることはできます。日本人職員は一般的に優秀で勤勉で誠実であると評判で、日本人の丁寧な仕事は尊敬の対象であり、真似・見習いたがる人もいます。日本人職員が国際機関に増えることによって、そこの職場環境や仕事に対する態度が少しずつ変わっていくと思います。ただし、日本人職員は自分を推し出さない面も少なくなく、チームリーダーでもチーム全体の成果であるといい、謙虚過ぎる時がありました。ユネスコでも日本人職員がなかなか上級管理職ポストに抜擢されないのもその辺がネックになっている気がします。だから、これから国際機関を目指す若い人たちには、自分の能力・実績をきちんと適切にアピールできる訓練をして欲しいと思います。

国連に入るには何を勉強してどのような準備をしたら良いのかと、よく聞かれます。何を勉強するか決める時、まず何をしたいのか、どうして国際機関に務めたいのか、なぜ国連でなくてはならないのかなどをしっかり考えて、その目標を達成させる為に必要な知識技術を調べるのがいいと思います。また、国際機関は国連組織だけでないので、自分の関心分野に関連しているのはどの組織で、どの様な職種があるのかを調べることも大事です。それによって必要とされる学位や経験が違ってきます。ユネスコのような国連の専門機関では、やはり専門分野に関連ある学術的知識は必要で、できればその専門分野での実務経験もある程度積んでいた方が有利です。例えば、教育であれば教育の修士か博士まで取得した後、教育の実務経験（教員や教育分野の研究員や政策関係の仕事など）を得るといいと思います。教育現場の経験がある方がやはり将来的にユネスコみたいなところで、教育分野で働く時の強みになります。

国際機関ですから、多言語環境で仕事することになります。英語が一番広くワーキング言語として使われていますが、パリに本部のあるユネスコや、ジュネーブに本部がある機関だと英仏で日常仕事することが一般です。だから、フランス語もある程度できた方が断然有利です。私もフランス語は全然得意ではありませんが、基本的会話と読解力・リスニングができるようにならないと、内部での仕事に支障をきたすこともあります。そもそも国連公用語には六カ国語あり、ユネスコの公式会議では全六カ国語が使用されます。だからフランス語にかぎらず、他の公用語を習得するのも有利になるでしょう。

学生時代に是非お勧めしたいのは、インターンシップです。先に述べたように、国連は理想的な場所と見られてしまうので、学生の時にどの機関でもいいのでインターンシップをするといいと思います。インターンシップでの経験を通じて、国連機関の日常の仕事を知ることができるだけでなく、どのような知識スキルが必要なのか分かるはずです。また、やはり国連は誰にでも向いている職場とは限らないので、自分が本当に国連・国際機関に向いているのかどうかを確認するいい機会だとも思います。

13．次世代の女性たちへのメッセージ

上述のように、女性には、特に日本人女性には、国連は働きやすい環境だと思います。国連機関・組織によって多少違いはありますが、相対的に女性職員が多く男性職員と対等に仕事ができます。決して女性差別が全くないというわけではなく、「ガラスの天井」に直面したと言う話も聞きます。しかし、国連の前事務総長が女性の上級管理職を増やす確約を掲げてから、国連全体で徐々に女性管理職員も増えています。

一方、女性として色々と妥協・犠牲にしなくてはならない事も出てくるかもしれません。女性だからと言うだけで家庭優先のプレッシャーがかかったり、育児で疲れて仕事に集中できなくなったりすると、気づいたら他の人に仕事を奪われていたということにもなりかねません。個人差はありますが、やはり女性と言う前に一個人として自分の信念と理想をしっかり持ってキャリアの長期的目標を立てるのが大事だと思います。仕事もプライベートもすべて完璧に熟さないと駄目とは思わず、適宜息抜きしながら周りの助けも遠慮なく得て、自分を活かせるチャンスが来たらそれをすかさず掴むぞというぐらいの心構えが大事です。あまり肩ひじ張らず、是非多くの優秀な女性に国連を目指してもらいたいと思います。

第2章　葛藤と決断の国際機関のキャリアパス

——一〇年後、二〇年後のゴールを見据えて——

矢野智子

1. 現在の仕事内容について：国の基礎を作る仕事

二〇二四年九月よりユネスコ・本部からユネスコ・国際教育計画研究所（International Institute for Education Planning = IIEP）に異動しまして、教育セクター分析や教育計画策定におけるユネスコ加盟国のサポートの仕事をメインにしています。具体的には、加盟国のニーズに応じて国のビジョンや教育セクターが直面する問題などを分析し、今後数年間の具体的な行動計画を準備するというものです。教育省のチームや外部の専門家と一緒に、時にはかなり踏み込んだ議論をしつつ行う仕事で、時間もかかりますし難しいこともありますが、非常にやりがいがあります。私の仕事の一つは、教育計画の実施に必要な予算を計算するということなのですが、やはりどの国も財政的に苦しいので、このプロセスを通じてかなりシビアな議論が行われたり、優先順位の決定などが行われるので責任は重大です。ＩＩＥＰの今のポジションに異動する前からこの分野の仕事を始めていたのでもう十数年になり、サポートした国の数も一五を超えますが、各国それぞれの状況やニーズ、政治的ダイナミクスやドナー国の思惑などは異なりますので、毎回新たな気持ちで臨んでいます。

これまでにかなりの数の国の教育政策策定に関わりましたが、市場経済への移行を完了しつつあったモンゴルや、海外へ開かれた国になろうとしていたブータンなど、教育省のスタッフ達と同志のように仕事をしたことはよい思い出です。最近ですとＩＩＥＰに異動する直前まではエチオピアやエジプトの教育計画を策定する仕事をしていました。同時にスーダンの仕事もしていたので、紛争がいかに社会を破壊するかを目の当たりにし、またそんな状況でも教育という社会の基盤を守ろうとする教育省やパートナーたちの姿勢に感銘をうけました。戦闘が続いてる状況で非常に困難なのだけれども、遠隔教育で、インターネットを使えなくてもテレビとかラジオとかで何とか教育を継続できないかとか、国内外に散らばってしまった難民を、難民キャンプでなんとか勉強を続けられないかとか、また今後その彼らが戻ってこられるようにどういう準備を今後やっていけばいいのか、という道筋を作っていく仕事です。改めて自分はとても大事な局面をサポートする仕事をしているのだと実感しました。もちろん教育計画があればすべての問題が解決するわけではありませんが、問題点を明らかにし、優先順位をつけて政策を実行していくためのロードマップは必要なものだと思います。IIEPという教育計画に特化した研究所に異動し、この分野の仕事に専念できる機会を得られたのは非常に幸運なことだと思います。

2. 国際公務員になろうと思った理由、経緯とキャリアパス

もともと国際公務員になろうとは思っていませんでした。地方在住の普通の子供だった私には国際公務員という職業を現実的なオプションとして考えられなかったというのが近いでしょうか。ただ、教育というか、人がいかに学ぶかということには興味があったと思います。なぜならこれは実は私の個人的な経験も関係していたからです。中学・高校時代に勉強することの意味を見失い、人間関係にも悩んだ私はしばらく学校に行けなくなってしまいました。特に高校は家族と先生方のサポートでなんとか卒業できたのです。学校という場はもちろん学習する

場所です。しかし、競争としての勉強ではなく学ぶ楽しさを感じられるような環境であるということは非常に大事だと思うのです。現在日本だけではなく世界で注目を浴びている不登校も子供たちからの学校を変えてほしいというSOSなのではないでしょうか。これは後述する「ハッピースクール」の仕事にも繋がりました。

それでも最初は教育や学校政策を研究しようとは思っていませんでした。人間がいかに物事を記憶、理解して知識を高めていくのか、技術を身に着けていくのかという事に興味があったので学部生時代は心理学で記憶や学習のメカニズムなどの勉強をしていました。その関係でまずはコンピューターソフトの会社に新卒で就職しました。意外に思われるかも知れませんが、コンピューターを使って脳の認知的活動を再現するというAIのはしりのような仕事をしていたのです。非常に面白かったですし、そのまま続けていれば今ごろどんな仕事をしていたのだろうかとも時々思いますが、当時はコンピューターの知識も心理学の知識も中途半端で大変苦労しました。コンピューターの仕事は楽しいけれどもやっぱり人間相手の仕事がしたい、英語をマスターして大きな世界を見たいと思ってわずか一年後には退社し、アメリカに留学しました。大学院で心理学の勉強を続けようと思ったのですが、これが大きな転機となりました。友人に勧められて受講した国際教育開発論がとても新鮮だったのです。恥ずかしながら国際公務員として教育のスペシャリストの仕事ができるという事もこの時に知りました。国際公務員を目指している友人たちと知り合えたのも大きかったと思います。心理学でやっている学習理論や実験が教育政策にすぐに反映されるわけではないし、どんなに有効に思える教育政策も実施されなければ意味はないのですよね。教育を通じて貧困を解消し、国を発展させて持続可能な開発に貢献するという事に俄然興味がわきました。留学先がニューヨークで、国連が身近に感じられたということもあり、国際公務員として働くという事が一気に現実味を帯びてきたのもあると思います。なので、国連で働きたいと思っていて教育の仕事を見つけたというよりは、教育の仕事をしようとしていたら国連で働けることになったという感じです。もともと心理学で統計学やサイコメトリクスの基礎はやっていたので、教育経済学の研究に進み、ユニセフや世界銀行など様々な国際機関でインターンシップも経験しました。教育の仕事に就くことの難しさに直面した時期でもあります。インターンシップから短期の契約を繋ぎつつ、いろいろな援助機関や民間の教育以外の仕事にも応募したりと模索していました。

修士号も終えて、博士号もそろそろ論文の準備に取り掛かるという頃に、ユネスコのヤングプロフェッショナルプログラム（YPP）に応募し、合格しました。このプログラムは拠出金に比べてスタッフの数が少ない国の若手を採用するもので、ラッキーにも当時は日本人も応募できたのです。それが二〇〇三年で、それからずっとユネスコにいます。最初は、本部の教育局でＳＤＧ４の前身でもある万人のための教育（Education for All）のコーディネーションをする部署に配属されたのですが、仕事は想像以上に官僚的でどうしても当時の私はやりがいを感じられなかったので、一年経った時にいきなり直属の上司よりもさらに上の人に「フィールドに出たい」ということを直訴しました。今でも自分がそんな事をしたということが信じられません。ユネスコに入る直前はユニセフのインターンシップで中国の北京にいたことをアピールしたのですが、その時たまたまユネスコ・北京事務所が、人が欲しいと言っているので行ってもいいよという事で異動できたのです。今考えてもこれはベストの決断だったと思います。その後、ユネスコ・北京事務所、バンコク事務所、そしてニューデリー事務所と約一五年間アジアで仕事をしてきました。モンゴルやブータンの教育計画の仕事をしたのもこの頃です。転勤と共に仕事の内容もだんだん高度になり、若いうちから政府高官と交渉したり、フィールドオフィスの教育チーフなど管理職としての経験も積むことができました。本部にずっと残っていたら難しかったと思います。この間も博士号の研究を続けて二回目の産休中に論文を書き上げ、なんとか学位を取得することができました。産休をしっかりとれたこと、お手伝いさんを雇うことができる国に住んでいたことが重要だったと思います。

ブータンで教育省の同僚と小学校を訪問。校長先生と一緒に図書室で（2014 年）

その後、やはり本部の仕事も経験するべきだと思い、教育局教育政策課で六年ほど勤務しました。この間も前述したとおりエチオピアやエジプト、スーダンなど加盟国の教育政策や教育計画をサポートする仕事をしていたのですが、ユネスコ・パリ本部の主な仕事でもあるグローバルな政策提言をするという仕事にも携わることができました。特にハッピースクールイニシアチブには思い入れがあります。これまでの教育政策というとやはり学力の向上であるとか、アカウンタビリティとかマネジメントの話が主だったのですが、もっと学校における幸福やウェルビーイングを中心に考えるべきなのではないかというものです。前述したとおり私自身が中高生時代はかなり悩んだので、このイニシアチブには非常に共感できました。私はすでに異動したため個人的には関わっていないのですが、コロナ後の learning crisis と well-being crisis に対応するために必要なアプローチとして、幸福やウェルビーイングは、その学校運営や生徒の学力向上にどう関わっているのかという研究をして、そこから繋がる政策提言をユネスコハッピースクールイニシアチブの枠組みの中でやっています。「学力かハピネスか？」という二者択一の問題ではなく、学校における幸福やウェルビーイングが、学力を向上させるために必要不可欠なものであるというメッセージです。

残念ながらまだまだどちらかというと、まずは学力を向上してから幸福を考えるとか、アジアだと受験競争も激しいので、まずは学力を上げて、テストを頑張って受験に成功することによって、将来幸福になれるから今は我慢という話はやっぱりあると思います。しかし、学校の環境や勉強自体がストレスフルなものであったりすると、学力そのものにも悪い影響がありますし、勉強をすることの楽しさや、学ぶことの楽しさを学校時代に体得できないと、それは大きな問題だと思うのです。今後どんどんテクノロジーも変化していく中で、誰もが生涯を通じて学び続けていかなければならないということは理解されているのですが、そういう時に、テスト勉強だけが学びであると思って成長してしまうと、今後問題がでてくるのではないかと思っています。それに加えて、全世界でみても教師の成り手がいないことが問題になってきています。だれも教師になりたがらない、またなってもすぐに辞めてしまうという状況を考えると、やはり先生方の幸福とかウェルビーイングを軽視し続けてきたツケが回ってきているのではないかと思うのです。サイコロジカルセーフティとかワークプレイス・ウェルビーイングと生産性の関連性という事は、ビジネスの世界では割と普通に言われていることである一方で教育の世界ではまだあまり聞かないので、今後世界の教育はどうあるべきかを考えた時にハッピースクールが少しでも貢献できればと思っています。

前述したように本部の仕事は官僚的ではありますが、教育というものを大局的に見て、政策提言をできるということは非常に刺激的でありますし、フィールドとはまた違った楽しさも大変さもありましたが、今回IIEPへの異動を決意しました。これは実に大きな決断でした。ユネスコでの私のポジションは基本的には完全に終身雇用で、よほどのことがない限り失職することはありません。待遇も良いですし。今回異動したポストは待遇こそ同じですがそこまで保証されているわけではないので、異動を決めた時はかなり周りから驚かれました。ユネスコのポジションに残っていれば引退までいられると決まっているのになぜそんなリスクをとるのかと。二〇代、三〇代でもアメリカ留学やフィールド異動など大きな決断をしたわけですが、五〇代で養う家族もいる中でリスクを取ることに躊躇はなかったと言えば嘘になります。しかしキャリアの最終点を見据えて今後一〇年で何をしたいか、何ができるかを考えた時に自然とこの決断をすることになりました。今後は加盟国のキャパシティビルディングや後進の育成、政策研究を形にする事でこれからの教育開発に微力ながら貢献できればと思っています。

3．女性としてのキャリア形成・家庭と仕事の両立

みなさん感じていることだとは思うのですが、国連は女性が非常に働きやすい環境

ガンビアで仕事終わりに教育省の同僚たちと海岸でバーベキュー(2021 年)

だと思います。もちろん様々な国籍やバックグラウンドの人たちが集まる職場ですので、上司や同僚によって状況は異なると思うのですが、私個人としてはキャリア形成や家庭と仕事の両立という点で女性であることがデメリットになったと感じたことはありません。家族やパートナー、そして上司に本当に恵まれたと思っています。私には前述したように二〇代と三〇代で二度大きなキャリア上の転機がありました。新卒で入ったソフトウェア会社の仕事を退職して留学したこと、ユネスコ本部からフィールドへの異動を直訴したことです。どちらもたった一年で決断していますから、家族や上司に反対されることは十分にあり得ました。それでも私の決断を理解してサポートしてもらえたことはその後のキャリア形成に非常に大きな影響を与えたと思います。ただこの仕事をしていると、定期的に海外転勤がありますし、カップルの両方が同じようにキャリアを積んでいくのは難しくなることが多いです。やはりどちらかのキャリアがある程度犠牲になってしまうのではないでしょうか。お互いのキャリアを尊重しあって、お互いが譲れるところは譲るという関係性を築ける相手を男女問わず見つけることは大事だと思います。また、特に私の場合は自分がいざとなったら大黒柱になる覚悟ができたことと、それで良いと言ってくれる柔軟性のあるパートナーに出会えたことが大きいと思います。

仕事と家庭・子育てとの両立という面でも少なくとも私にとってユネスコは非常にやりやす

い職場です。上司のタイプにもよりますが、基本的に仕事のパフォーマンスがしっかりしていれば長時間オフィスにいる必要はありませんし、個々の家庭の事情はかなりの優先順位で考慮してもらえます。有給休暇や産休、時短の制度もしっかりあって、それを取ることが当然の権利として理解されていて誰も疑問を抱かないという状況はユネスコにいると当たり前のことなのですが、日本では難しい職場もあるかと思います。私も最初の産休中は日本の感覚でついつい仕事のメールをチェックしてしまって、上司や同僚に叱られました。子育てという点でも、子供たちが小さいときはアジアのフィールドに長くいたということもあり、誰かを雇って家事のサポートをしてもらうことの金銭的・心理的ハードルが非常に低かったように思います。信頼できる人を見つけるのは難しい時もありましたが、サポートしてくれた彼女たちの何人かとは今でも連絡をとっていて、子供たちの成長を一緒に喜んでくれる親戚のおばさん、お姉さんのような存在になってくれています。社会的にも、フルタイムで仕事をしている母親に家庭の仕事や子育てを一手に担うことを期待するようなことはありませんでした。これは非常に恵まれていたと思います。また、当時駐在していた国（中国、タイ、インド）はどれも子供や子連れに非常に寛容な社会なので、子供たちが小さいときに苦労したという経験はありません。日本だったら三人の子育てをしながら海外出張も多いフルタイムの仕事を続けてキャリアアップもするというのは私には難しかったでしょう。もちろん国によっては病院や学校などの問題はありますが、私のフィールド勤務時代は非常に恵まれていたなと実感しています。

子供たちも大きくなり思春期を迎え、以前とは違った難しさを感じるようになりました。何度も国を越えた転校を繰り返し、自分の両親の国に住んでいないというい わゆるサードカルチャーキッズである彼らは彼らなりに葛藤しています。以前暮らしていたアジア諸国に比べて今いるパリは住みにくいと思ってもいるようです。それでも家族そろっていろいろな国に住むという経験ができたということは必ず彼らの財産になると思うので、試行錯誤しつつも毎日楽しく過ごしています。ソーシャルネットワーキングサービス（SNS）はいろいろ問題もありますが、そのおかげで他の国にいる友達とも気軽に連絡がとれるのは本当に素晴らしいことだと思います。この経験と各国に散らばった友達のネットワークが、彼らが幸せになる手助けになるよう祈っています。

4．若手研究者へのアドバイス

ここまで読んでいただいておわかりいただけるように、私のキャリアは目標に向かって真っ直ぐ進んだというわけでは決してありません。寄り道もしましたし、自分の直感を信じて仕事をすぐ辞めたりもしました。現在の仕事ではいかに設定した目標に向かって計画的に進むことが大事であるかをいつも強調しているくせに、自分はどうなのかと苦笑してしまいます。私の場合中学・高校と不登校を経験したり、心理学を勉強しようと思っていたのにコンピュータープログラマーになりそうだったり、日本でせっかく就職したのにすぐ辞めてしまったりといろいろありました。その後前述したように現在はやりがいのある仕事をすることができていますが、そこに至るまでには葛藤もあせりもありました。それでも、今になって思うのは結局何も無駄にはならなかったということです。目標に到達するにはいろいろな道がありますし、途中で目標が変わることもある。柔軟な考えをもって、今思うようにいかなくても腐らずにできることをやっていくことが大事だと思います。結果オーライと言ってしまえばそれまでですが、例えば統計学の基礎を叩き込まれていたことやプログラミングを勉強できたことは教育政策分析や教育計画策定の仕事にかなり有用で、自分の武器となっています。短いながらも日本で仕事ができたことは、基本的な報告・連絡・相談（報連相）の重要性などを理解することにつながり、グローバルな職場で同僚やカウンターパートからの信頼を勝ち取ることに役に立っています。就職先がみつからなくてユネスコ以外の機関でインターンや短期コンサルの仕事をしたことは、教育開発・援助を異なる視点で見ることにつながりました。なので、たとえ今後のことが不透明でも、時間ばかりがたってしまうことに焦燥感を感じても、自分がやっていることが将来自分の本当にやりたいことにつながっているのか不安でも、そういう経験は決して無駄ではないと思うのです。諦めずに腐らずに、今できること、興味があることからやってみて欲しいです。また、目標を修正することは決して諦めることと同じではないので、いろいろな可能性にオープンでありつづけてください。

また、キャリアと家庭の両立という点では男女問わず、また結婚する・しない、子供を持つ・持たないに関わらず今後様々な決定を迫られる場面があると思います。結婚して子育てをしてとなると、国連での仕事は海外勤務が基本になるのでどちらかのキャリアが影響を受けることはあると思いますし、どちらかが仕事をセーブしたり家庭に専念することが必要になる時もあります。子育てや教育・医療、そして親の介護といった問題も日本にいる時以上に複雑になるかと思います。妥協をしたり寄り道をすることにもなると思います。しかし、すべては人生経験になります。もちろん困難なこともありますが、お互いが尊敬できるパートナーに出会えたことは私にとっては非常に大事なことでした。喧嘩もしますし、疲れているときはお互いに不満もあったりしますが、お互い感謝の気持ちをもって、長い人生を共有できる相手がいるということは幸運なことだと思います。ただ、人生の在り方はいろいろありますし、私たちも今後はどうなるかわかりません。ユネスコや国連には本当にいろいろな人がいますし、いい意味で誰も気にしないのです。自分の人生はこうあるべきという思い込みから離れて、自分にとって最善だと思える、そしてハッピーだと思える選択をしていってください。

第3章　教育協力で国際貢献と自己実現
――仕事、家族、自分のバランスを追求して――

小原ベルファリゆり

1.　はじめに

世界のすべての子どもたちが、有意義で楽しい学びの機会を享受できたら。そして人々の学びが、各々が自分の可能性を最大限発揮して、平和で持続可能な世界を築く原動力になったら。そんな思いを源に、三〇年ほど国際協力を通して教育の仕事に携わっています。

私は現在、フランス、パリに本部がある経済協力開発機構（ＯＥＣＤ）で教育分野の国際比較調査や政策分析の事業を担当しています。ＯＥＣＤは世界最大のシンクタンクともいわれる組織で、「より良い暮らしのためのより良い政策を」をモットーに、経済、貿易、環境、開発、労働、教育などの分野で、エビデンスに基づいた政策立案や実施の支援を行っています。

日本でも教育関係者の間ではよく知られている生徒の学習到達度調査（PISA: Programme for International Student Assessment）、国際教員指導環境調査（TALIS: Teaching and Learning International Survey）や、その他の乳幼児教育、学校教育に関する国際調査、比較分析、それに基づいた政策提言が主な業務です。また、日々変化する社会経済情勢を踏まえ、今後の教育で重要になるであろう課題を察知し、国レベルでの政策議論に布石を投じる役割もこれらの事業は果たしています。

組織の中では管理職にあたる課長の役割にこの一〇年余り就いています。スタッフ六〇人ほどをまとめ、事業のマネジメント、メンバー国との調整や事業のガバナンスを統括して、課の事業がＯＥＣＤとその加盟国や事業参加国の優先課題に有効な成果を出せるように導く責任を負うという立場でもあります。ＯＥＣＤのメンバーは現在三八か国ですが、ＰＩＳＡのように八〇か国以上が参加する国際事業をリードしていることから、ＯＥＣＤ加盟国から中・低所得国を広く網羅した視点、ネットワークで、世界の教育課題を俯瞰する貴重な機会にも恵まれています。私はＯＥＣＤにたどり着くまでに、様々な組織、国で教育の国際協力に関わってきました。教育、国際協力を仕事とするきっかけや、この分野でのキャリアの道のりをご紹介します。

国際会議などでＯＥＣＤの調査の結果を発表することは頻繁に（シンガポール、2017 年）

2．教育と国際協力へのきっかけ

この本を手に取られている読者の方は、どのような学びの経験をされてきたでしょうか？私は茨城と千葉の田舎の公立小学校で十分遊んで自然に触れながら育ちました。その後、子どもに最善の教育の機会を願う両親のお陰で、中学と高校は東京の桜蔭学園という女子校に通いました。今ではトップ進学校になり、勉強と競争の学校と思われる方も多いですが、知性、情緒、人間性をバランスよく育む土壌に恵まれ、その後の私の成長に多大な影響を受けました。ユニークな学びの例として、礼法という、お互いが気持ちよく暮らし、たおやかに関わりあうマナーを畳の教室で学ぶ授業が必修だったり、高校に上がる際に受験の代わりに各々の関心のあるテーマを研究して論文を書き発表するというチャレンジを与えられました。ちなみに私は、日本初の女子留学生として日本の女子教育に尽力し、最近では五〇〇〇円札の肖像にもなった津田梅子の歴史を研究テーマに選びました。

そんな中高時代に、これからどんなことをしたいかと考えはじめた頃、「世界識字年（一九九〇年）」にタイのジョムティエンで開かれた「万人のための教育世界会議（World Conference on Education for All）」のニュースがちょうど耳に入り、私にとっては当たり前だと思っていた学びの経験が、世界の多くのこどもにとっては手の届かない経験であることを知り衝撃を受けました。私自身は学校に行くのは当たり前、学校や学びは楽しいものと思っていましたが、質の高く有意義な学校教育を享受し、また自分の成長、学び、将来の進路をケアし真摯にサポートしてくれる先生方に囲まれていることが実はまれなチャンスであったと気づき、世界の多くの子どもたちが等しく学ぶ喜びを経験できるために自分にできることは何かを考えるようになったのが、教育の国際協力へのはじめの動機だったと思います。

一方、私の知らない学校の外の社会や海外はどんなところなのだろうという純粋な好奇心が沸いていたのもこの時期です。今のようにインターネットで簡単に情報が得られる時代ではなかったので、私にとっては地図が世界の窓口となり、よく行ってみたい国の細かい地図を眺めてどんな地形なんだろう、どんな人が暮らしているんだろうと想像の旅をしていたのを思い出します。また、六年間女子だけに囲まれ、女子だから、男子だからというステレオタイプなしに力を発揮し、将来したいことを選択するのが当たり前の守られた環境でした。しかし、民間企業で勤めた後に教員になった先生方などから、日本の理不尽な男女不平等の現実を聞き、男女平等、女性の自己実現には私たちが自分の頭で考えて行動しなければいけない、とその後の生き方を考える上でのヒントを教えられました。

3. 東南アジアで国際協力の第一歩

そんな流れで、大学は国際関係と比較教育が学べる津田塾大学に進み、関心分野の知見を深めつつ、AFSという高校生の交換留学の団体でボランティアをしたり、様々な国際交流事業への参加や個人でバックパックを背負ってアジア、アフリカを訪れ、教科書と地図から学んだ世界を、自分の目で見て肌で感じることに夢中になっていました。なかでも特に刺激を受けたのが「東南アジア青年の船」への参加です。ASEAN諸国と日本の青年が二か月ほど船で航行しながら活動を共にし、地域の相互友好と理解を促進し、日本の青年の国際的視野を広げるための内閣府による事業です。私にとっては、英語を共通語として日々意見を交わしあったり、いろいろな文化や宗教の背景を持つの若者と寝食を共にしたり、時にはすれ違いやけんかも通してお互いを理解し和を保つなど、初めてのことばかりでした。ここで得られた経験と多国にまたがる友情とネットワークは一生の財産になりました。そして真の協力とは頭で理解する以上に、実際に触れあってそこからわかりあうことから生まれるのではないか、また平和の実現には空想の理論ではなく、家族や友達がみんな平和で無事でいてほしい、あの国に友達いるけどどうしているだろう、という極めて単純で人間的な感情が実は鍵なのではと気づきました。

大学の比較教育のゼミでは、開発途上国の教育の現状についての理解を深めたく、なじみのあった東南アジアでどういった形で国際教育協力の仕組みができているのかという問いを追求しました。ちょうど大学のフィリピンとの交換留学の制度で、一年間フィリピン大学ディリマン校に留学もしました。教育学部に所属し、これからフィリピンの学校の教員になることを目指している教職課程の学生と肩を並べて勉強しました。留学中、せっかくフィリピンに住むなら大学だけでなく、庶民の生活、人々との触れ合いをとおしてじっくり国について知りたい思い、大学での授業は英語でしたが日常生活で広く話されているフィリピノ語（タガログ語）を勉強して、現地NGOにインターンとして参画し首都のスラム街や地方の漁村の若者たちと一緒にコミュニティー開発、青少年育成の活動にも携わりました。

留学とNGOでのインターンでは、日本のように快適で安全ではない生活環境にもめげず、新しい土地での発見を楽しみ、人々と知り合い一緒に何かを変えていく醍醐味を味わいました。一方、短期間で一時期の気分の良い体験だったのか、または開発途上国を支援する国際協力をライフワークとして目指す覚悟ができているのかは不確かでした。だったらもっとどっぷり開発の現場を経験して、本腰でやりたいと思うか、数年やったらもう勘弁と感じるか見極めようと、学部卒業後の初めての仕事として青年海外協力隊を目指しました。

4. 裏道国際派への道

青年海外協力隊ではセネガルの地方都市カオラックのローカルNGOで青少年活動に関わりました。「女性の地位向上協会APROFES」という、女性主導のコミュニティー開発や社会起業を通して女性の地位向上に貢献しているNGOです。希望通りのアフリカ、フランス語圏でノンフォーマル教育分野での配属、フランス語とウォロフ語の研修も終えて期待満々で臨みました。JICAの要請書によると、NGOにはコミュニティーの若者が集まって女性の地位に関する啓発活動する青少年センターがあるので、そこで活動を提案して青少年ワーカーを指導、とありました。ところが配属の日に通されたのが質素なNGOの事務所の隣にある草ぼうぼうの空き地。NGOの代表は「これがセンター、っていうかアイシャ（私のセネガル名）がセンターにしてね。やりたいこと何でもやっていいよ。じゃ頑張って！」と。

大学出たばかりで、アフリカ初めて、言葉もまだまだ、予算も一緒に働くスタッフもなく、とにかく右も左もわからない状況で何でもいいからやれ、というのは前にも後にもない難題でした。何をすればよいか全くわからない状況でしたが、わからなければ当事者で活動対象の若者とまず知り合いになって教えてもらおうというところから始めました。実は初めの数か月は毎日事務所のある地区の道端で、学校も仕事にもいかない若者と、アタイアというセネガルのお茶を酌み交わしておしゃべりばかりしていました。そこから地域の状況、若者の暮らしや課題、彼らの夢や苦悩などを聞き、ウォロフ語でのコミュニケーションにも少しは慣れて、やっと腰を上げるまでにはずいぶん時間がかかりました。しかし、お茶の効果か、若者には私のことに関心を持ってもらい、コミュニティーでの立ち振る舞い方も教えてもらい、素通りの外国人ではなく一緒に地域を変えるパートナーとして受け入れてもらい始めたという感触もありました。

そこからは、若者参加型の人権や女性の地位の啓発活動のワークショップを自前で実施したり、地域のボランティアや近隣に配属された隊員に協力してもらい、子どものための音楽、演劇や理科実験などの活動などを企画しました。しかし二年という短い期間で、私の微力で協力したことに比べて、学ばせてもらったことの方が何倍も大きかったように感じます。

先に「裏道国際派」と書きましたが、これは後に働いたアイシーネットという日本の開発コンサルティング会社の創設者、米坂浩昭さんの著書で紹介された言葉です。ビジネスやファッションで華やかに活躍する国際派と違い、ないない尽くしの環境で開発当事者とともに汗をかきながらの仕事ですが、そういった協働や注目されないような裏道でワクワクする発見や出会いを楽しむ国際派。裏道の楽しさを実感し、国際協力をライフワークと決意してセネガルを去りました。

5. ユニセフ、世界銀行からＯＥＣＤへ

国際機関などで開発の専門職に就くには、大学院レベルの専門性が必要です。私は協力隊派

遣中に応募し、セネガルから帰国後スタンフォード大学教育大学院で国際教育行政の修士コースに進学しました。教育開発で特にフィールドでの実務経験のある学生を集めた少人数のコースで、理論や自分の研究に加え、クラスメートのいろいろな国での教育支援活動の経験や、それを踏まえた現実味を帯びた開発や教育に関する議論には知的好奇心をそそられたものです。

大学院卒業と同時に、開発のプロの仕事を学ぶべく、日本ではまだ数少なかった社会開発を専門とするコンサルティング会社の一つ、アイシーネットに一年勤務しながら、外務省のアソシエートエキスパートの制度に応募しました。これまでの経験や大学院での学びを深めたく、フィールドで教育支援の事業を実施するポスト、できればアフリカのフランス語圏を希望し、それが叶いユニセフのモロッコ事務所に教育担当のジュニアプロフェッショナルオフィサー（JPO）として派遣されました。

ユニセフでは私は乳幼児教育を担当し、幼稚園教員の園での実践状況の調査、教員の研修プログラムや、家庭での乳幼児の発達支援のための母親、父親学級のパイロット事業などを、モロッコの教育省や地方行政官や現地のNGOと一緒に作り上げ、被害の多かった地震直後の人道支援にも携わりました。研修事業や事業のモニタリングで、アトラス山脈や砂漠などの村々を頻繁に訪れ、教員、コミュニティーワーカーや子どもたちの話を聞き、自分が携わっている仕事がいかに彼らの役に立っているのか、いないのかを目の当たりにできることは、フィールドでの仕事の醍醐味でした。プロジェクトのパートナーとは、フランス語の表現でよく一緒に「パン生地に手を入れる（意訳すれば、パンを捏ねる Mettre la main à la pâte）」と言っていました。日本語では、共に汗水流すといったところでしょうか。頭や口だけではなく、一緒に手足を動かし、モロッコの子どもたちにとって最善の成長と学びの機会を提供する真の協力だったと思います。またフィールドでの活動を基盤に、国の省庁間横断のイニシアチブで、総合的なことも政策を策定する過程のファシリテーターとしても奔走しました。

ＪＰＯとしての二年間は、配属先や上司によってどんな経験になるか全くわかれるとよく聞きます。私は上司、同僚、モロッコのカウンターパートにとても恵まれ、ユニセフの事業の進め方を学びながら、二年後にはプロジェクトを運営する経験もできました。特に直属の上司だったフランス人の教育セクションチーフは、私が教育の専門家として育ち、ＪＰＯの後も正規職員につながるように配慮して、いつもあえて挑戦がいがあるタスクを指示されました。上司は、私がタスクを遂行できると信頼を寄せながらも、難しいときや失敗したときは建設的に叱ってくれたり、後ろから支えてくれるという、さすが成人教育の専門家だけあってとても教育的な指導をしてくれました。その後二〇年以上たちますが、この時の上司は今でも連絡をとりあい、会うたびに私の顔を一目見るだけでうまくやっているか、仕事でストレスがたまっているかお見通しで、体に気を付けて元気に活躍できるようにとまるで自分の子どものように見守ってくれています。

ＪＰＯが終わってそのまま正規職員を目指したのですが、まだまだ経験が足りず世界各国から受験してくる優秀な候補者との競争は厳しいものでした。上司から一度外に出た方が良いとアドバイスをもらい、モロッコの世界銀行で教育セクターローンの準備やモニタリングの業務につきました。仕事の相手はすでによく顔見知りの教育省の官僚でしたが、業務ではユニセフと世界銀行とではこんなにも役割が違うのかと思いました。ユニセフは一緒に事業を作り、実証し、政策に反映させるという二人三脚の色合いが濃い一方、世銀での私の教育省とのかかわりは、事業が効率よく実施され意図した効果が出ているか管理する、また実施をはばかるような教育省のキャパシティーの問題があるとそこを強化するという立場にありました。これまで「パートナー」だった教育省の仲間を「クライアント」と呼ぶようになったのがよい例です。またフィールドから離れて寂しい一方、世銀の指標やエビデンスに基づいた、セクター全体を俯瞰した事業づくりや科学的な評価の手法などについて業務を通じて学ぶことができました。

世銀での二年間の間には結婚、第一子の妊娠と、仕事以外でも大きな変化がありました。そして第一子の出産が近づいたころ、ユニセフのモロッコ事務所で教育チーフが空席になりました。元上司が別の国に異動することになったのです。初めての子どもの出産を控えているうえに、まだ早いのではと思える教育チーフのポストでしり込みしましたが、周りからダメもとでいいから受ければよいという強い後押しもあって恐る恐る応募しました。結果はやはりだめだったのですが、たまたまトップの候補者がさらに上のポストに同時に合格して辞退したのと、モロッコ事務所のチーフ職の男女比から教育チーフは女性を採るという事務所代表の強い希望が功をなし、敗者復活で私にオファーが来ました。人生何が起こるかわからないものです。

子どもが三か月の時に教育チーフの仕事を始めました。セクションチーフとはいえ自分で何でもやらなければならず、お陰でマネジメントに関することを仕事をしながら身に着けました。組織の戦略と相手国の優先課題を踏まえて中長期の戦略と年次計画づくり、資金調達と管理、事業の実施、モニタリング、報告や、その成果に基づいた国レベルでの政策提言など多岐にわたりました。またモロッコの教育にかかわるドナー調整のリードや、ユニセフモロッコ事務所のジェンダー担当として、他の国連機関との調整にも尽力しました。

一番力を入れていたのは、当時ユニセフが積極的に進めた「子どもにやさしい学校」作りです。学校が地域と一体になり、子ども達自身の参加によって学校の課題を話し合い、解決策を計画し、ある資源を最大限に動員してできることから計画を実行する支援をしました。モロッコでは地域レベルの努力で学校を変えるという考えは真新しいものでした。しかし、このモデルが子どもの退学率を改善し、子どもの参加促進に貢献することが認められ、教育省が全国の小学校でこのモデルを適用し、すべての教員養成学校で研修することを決めました。これは自分の担当した事業の成果が多くの子どもに届くという意味で達成感を感じた一方、モロッコのすべての子どもの学びに影響を与えるという重責に身が締まる思いでもありました。また子ども参加型の学校改善プロセスが進みつつも、実際の学習成果がなかなか上がらないことにジレンマを覚えたり、

ユニセフでモニタリングのため地方の事業対象校を子連れで訪問（モロッコ、2007 年）

広い意味での教育の成果を示すことの難しさを感じました。

ユニセフの教育チーフは長く腰を据えて臨むつもりでいたのですが、モロッコのように低所得国ではない国はその国出身のスタッフをチーフにする動きがあり、教育セクターにおいても私がチーフになってから五年後にローカルスタッフにシフトすることになり私も次のポストを探さなければなりませんでした。ユニセフでは異動の際でも内部、外部の候補者と競争してポストを勝ち取らなければなりません。また自分の希望の国やポストにつけるとも限りません。

私もユニセフの他の国のポストを受けつつ、他の国際機関も並行して応募していました。その時OECDの就学前・学校教育の課長のポストが目に留まり、パリも家族の都合の良い場所ということで受けました。筆記試験をパスし、面接で話をしながら、実は私がモロッコの小さい事務所で何でも自分でやって蓄積したマネジメントのスキルと経験が、ここで求められているとわかり、手ごたえを感じました。また管理職ということもあり、面接のほかに外部の人事コンサルタント会社が行うマネジメント能力評価も受けました。半日ロールプレイでマネージャーの役割をして、コンサルタントがそれを観察して評価するという試験方法でした。その結果も求められていたスキルにマッチしたようでオファーをもらいました。

OECDの仕事の魅力は先進国、開発途上国のへだたりなく、同じような課題に面する国同士がお互いの政策の経験から学びあう「ピアラーニング」の支援です。特にＰＩＳＡのような学習の成果を共通の指標で測ることによって、各国が国際比較しそれぞれの強み弱みを客観的に分析します。そのような事業を通して多くの国の教育の動向を追い、国の政策関係者とＯＥＣＤのデータや分析について議論し、また多くの国の政策分析に基づいてこれからの政策の方向性について助言するなど、国際的な教育の道筋づくりに貢献できるのが醍醐味です。例えば教育に関連する持続可能な開発目標（ＳＤＧｓ）やＧ７、Ｇ20などの国際協調の場でも、ＯＥＣＤの知見を共有して、今後の教育政策や国際協力の議論を牽引する役割も果たしているのではと思います。

また、現在、国々で注目されている直近の課題だけでなく、広く社会経済の動向を踏まえて、どんな教育がこれから重要になるかの潮流を作る役割も果たしています。例えばＰＩＳＡは数学、科学、読解に加え、毎回革新的分野のテストを開発しています。最近では生徒のグローバルコンピテンス、創造的思考、ＡＩとメディアリテラシーなどの分野で生徒のスキル、態度、または思考のプロセスなどの国際比較を試みています。

このように最新のデータに接し、高度な専門性を持つスタッフや専門家と新しい調査を作り上げ、多くの国の政策作りに影響を与える仕事はとてもやりがいがあります。一方、ＯＥＣＤ

の事業を進めるうえで一番苦労するのは、多様な視点、背景、優先課題があるいろいろな国をまとめて合意形成をすることです。ＯＥＣＤ事業のメンバー国が物事を決定する委員会は、いつもいろいろな意見が飛び交い白熱するものです。ＯＥＣＤの事務局として、事前に国の意向を察知し、合意へ向けた下地作りや根回し、意見が割れた場合の共通の方向性に向かうための妥協策の模索など、まるで外交官のような役割に労力を注ぐことも多々です。

6．女性としてキャリア形成

ユニセフ、世界銀行、ＯＥＣＤと異なる国際機関に勤めましたが、いずれも女性だからと言ってキャリアの上で不利だと思うことはありませんでした。働く条件、給料などは男女平等ですし、採用やキャリアアップの機会も能力次第です。また、どこの機関でもダイバシティーを重視する傾向にあり、例えばＯＥＣＤでは管理職の男女比が半々になるように組織を挙げて努力しています。私がＯＥＣＤの教育局で課長を拝命した時には、女性、比較的若手、そして局では初めての日本人の管理職、ということでスタッフからも加盟国からも、これまでとは違った視点のリーダーシップが期待できるのではと歓迎されました。

ただ能力主義といっても各々が潜在能力を十分発揮して活躍するためには、男女差やその他の個々の背景に配慮することはとても大事です。そういった意味で女性特有のニーズに配慮があるかどうか、女性が真に力を発揮して認められる環境にあるかは組織によって違ってきますし、また組織やチームのリーダーの意識によっても変わります。例えば女性は妊娠、出産するときにどのように仕事と本人、子どもの状況とでバランスをとってキャリアを継続するかという課題に直面します。そこで母子の健康を支援することがミッションのユニセフは、母乳育児をしているスタッフに手厚い配慮がされていました。私も子どもは二年間母乳育児を続けましたが、その間乳飲み子を連れて出張に出る際は、私の出張手当に加えて同行する子どもの旅費が加算されたり、子どもとそのケアをする者（私の場合はフリーランスの夫がいつもスケジュールに融通をきかせて同伴してくれました）も公用車で出張に同行できました。また事務所代表が私のニーズに応えて私だけのために授乳室を作ってくれました。

ではどのように、女性としてキャリアやそれ以外の人生のバランスをうまくとれるのでしょうか。これは私にとっても永遠の課題ですが、これまでの経験から以下のことが大事ではないかと思います。一つは何が自分の人生にとって優先かをはっきりさせ、それを軸に仕事のことを考えること。仕事が面白いとついそれに夢中になったり、がむしゃらに成果を出すことに流れそうになることもありますが、自分や家族が幸せでいられるための優先事項が何かを常に確認することにしています。例えばＪＰＯが終了に近づきユニセフの正規職員のポストがなかなか決まらず焦っていた時、パキスタンの地震の緊急支援要員のオファーがありました。しかし、災害直後の緊急支援なので家族同伴はできない任地です。仕事としては喉から手が出るほど欲しいポストでしたが、その時期は家族離れず一緒にいることを優先と話し合って決めていたので、次に何か別のチャンスが得られることを願ってポストは断りました。正規職員にたどり着くには遠回りになる選択だったかもしれませんが、結果的に家族と安定して満足な日々を送れたからこそ、次に得たチャンスで能力を十分発揮して成功できたのかもしれないと後から思います。国際機関のスタッフはみな向き合うジレンマかもしれません。

もう一点は、遠慮なくお願いする、サポートは自分から引き出すことです。これは男女かかわらず当てはまることですが、何か自分特有のニーズに関して配慮、支援が必要な時に他の人に迷惑をかけてしまわないか心配してしまいがちです。しかしお願いしないと周りにはわかってもらえませんし、お願いすることによって周囲の理解が深まったりします。例えば私がＯＥＣＤの課長職についたとき、子どもがまだ幼稚園と小学校低学年で、仕事から帰って子どもが就寝するまでの数時間の貴重な家族タイムは守りたいと思いました。そこで初日に局長とそのスタッフに、そういった理由で定時きっかりに退社、そして出張は家族全体のスケジュールを踏まえて計画するのでかなり前もって予定したいと伝えました。その後局長室のスタッフからは、そんなことを依頼する人はそれまでいなかったのでびっくりしたけれど、そういった個々のニーズをリーダー自身が伝えてそれを優先してワークライフバランスを大事にしていることを示すのは喜ばしい、というもうれしいフィードバックがありました。そういった小さな一歩が自分のメリットになるだけでなく、組織の文化を変えることにもなるのです。

7. 国際機関の道を目指す若者へのアドバイス

国際機関のキャリアセミナーなどで学生さんからよく「どうやったら国際機関に入れますか」と聞かれます。すると私はいつも「国際機関で何をしたいのですか」と聞き返します。国連などは高尚なミッションで、素敵な就職先と考える学生さんもよくいますが、聞くととにかく国際公務員になりたいです、なんでもやりますという国連ブランドに漠然とあこがれているケースが多々見られます。世界の課題を解決するにはいろいろな組織、分野から貢献することができます。一番大事な問いは、自分は何に貢献したいのか、何が得意なのか、そしてそのために自分の力を発揮して役に立てて目的を達成できる組織はどこか、だと思います。最近では日本の「生きがい」の概念が欧米で分かりやすく紹介されて注目を浴びていますが、まさに自分の生きがいになるミッションを中心に、それを実現出来る天職を追求するのは、生涯にわたるキャリア開発で一番大事なポイントだと思います。

そして日本のひと昔の終身雇用とは違い、国際協力の分野ではいろいろな組織を動きながら視野を広め専門性を深めてキャリアアップするのが当たり前です。私もＮＧＯ、民間企業、二国間援助機関、複数の国際機関と様々な組織を通して、草の根活動から調査、政策アドバイス、援助調整、そしてマネジメントを経験しました。まるで螺旋階段のようにいろいろな方向を見ながらアプローチし、職を変わるたびに少しずつキャリアアップもする動きです。一見すると関心がコロコロ変わっているように見えても、国際協力で教育をよくしたいという主軸は不動です。皆さんも、若いときはぜひ幅広い経験をして一生取り組みたい軸を見つけてください。

国際機関では専門性が重視され、確かに専門職のスタッフは高度な知識、スキルをもっています。しかしそれと同等、もしくはそれ以上に大事なのは「この人と一緒に仕事をしたい、この人なら信頼できる」と思わせるような人間力だと感じます。これまでに出会った何人もの尊敬する上司が口をそろえて言っていたことは「どんなにすばらしい専門性があってもこの人と協働したいと思ってもらえなければ協力関係はなりたたない、だから自分の人間的魅力を磨き、他者との関係づくりに気をかけなさい」との教えです。これは最近の学校教育でもやっと注目が高まっている社会、情動スキル（Social and emotional skills）や、成人発達やリーダーシップの分野で関心を集めている内面の成長の概念と重なるのではないでしょうか。

これから国際機関を目指す方々に偉そうな助言を残しましたが、私自身もまだまだ発展途上、ますます成長していきたいと、これまでのキャリアの道のりを書き留めながら初心に帰る思いでいます。世界のすべての子どもたちが、有意義で楽しい学びの機会を享受できたらという初心を振り返り、最近ではそのために子どもの声をしっかり反映させ、真の意味でのこども中心の政策作りを支援することに今後もっと力を入れられたらと思っています。また平和で持続可能な世界を築く原動力になる教育をという私が生涯を通して貢献したい課題ですが、今ほどこの視点が教育に求められている時はないかもしれません。問題解決する知識、スキルだけで頭でっかちになるのでなく、自分の在り方や他者との関わりを心をもって受け止め、手足を使って責任ある行動をとれる地球市民の教育に貢献できたらと意思を新たにした次第です。花の都パリで、これからも裏道の冒険とワクワク感を楽しむ国際派でいたいものです。

第4章　OECDで活躍するかっこいい女性たち

――「キャリアOR家庭」を超えて――

加藤静香

1．クライアントは各国政府　政策アナリストとしての仕事

二〇一八年の五月から、OECD教育スキル局の高等教育政策チームというところで、政策アナリストとして働いています。仕事内容を一言で答えるならば、「政府へのコンサル業務」でしょうか。日本でいう文部科学省にあたる、各国のMinistry of Educationの方と一緒に、教育分野および社会全体における課題に対し、どのような政策としての最適解があるか一緒に探っていく仕事です。最優先すべき課題の設定から一緒に検討することもあれば、政府側から課題の共有があり、それに対していくつかの政策案を提示することもあります。実施し終えた

政策の評価分析を依頼されることもあります。直近では、社会人の学び直し、大学におけるデジタルトランスフォーメーション（ＤＸ）、産学協働などのテーマを担当しました。

これでは少し抽象的過ぎると思うので、社会人の学び直しの例を挙げると、労働市場・社会で求められる知識や技能が常に移り変わっているのに対し、定期的に学習に従事している成人の割合は限られている、ということが大きな課題のひとつとなります。それに対し、課題を掘り下げ、政府としてどのようなアクションがとれるのか、世界各国で実施されているベストプラクティスをもとに検討します。例えば、個人や企業に成人学習を支援する資金を提供して参加を促す方法が考えられます。また、現在ある学習機会に関する情報を、参加者の声なども含めたウェブサイトに集約し、意思決定をサポートする方法もあります。さらに、政府がガイドラインを発行し、成人教育プログラムの一貫性や質の向上を図ることも選択肢の一つです。これらは例にすぎませんが、考えうる政策案（私たちは「政策オプション」と呼んでいます）を、実際に各国で取り入れられている政策を手がかりに検討していくということを、この六年ほどは行っております。

今の仕事をする上でのやりがいは、自分たちが提案した内容が政策として実行されて、学び手まで届いていたら嬉しいな、というのがひとつです。少し話が逸れますが、ＯＥＣＤへ就職

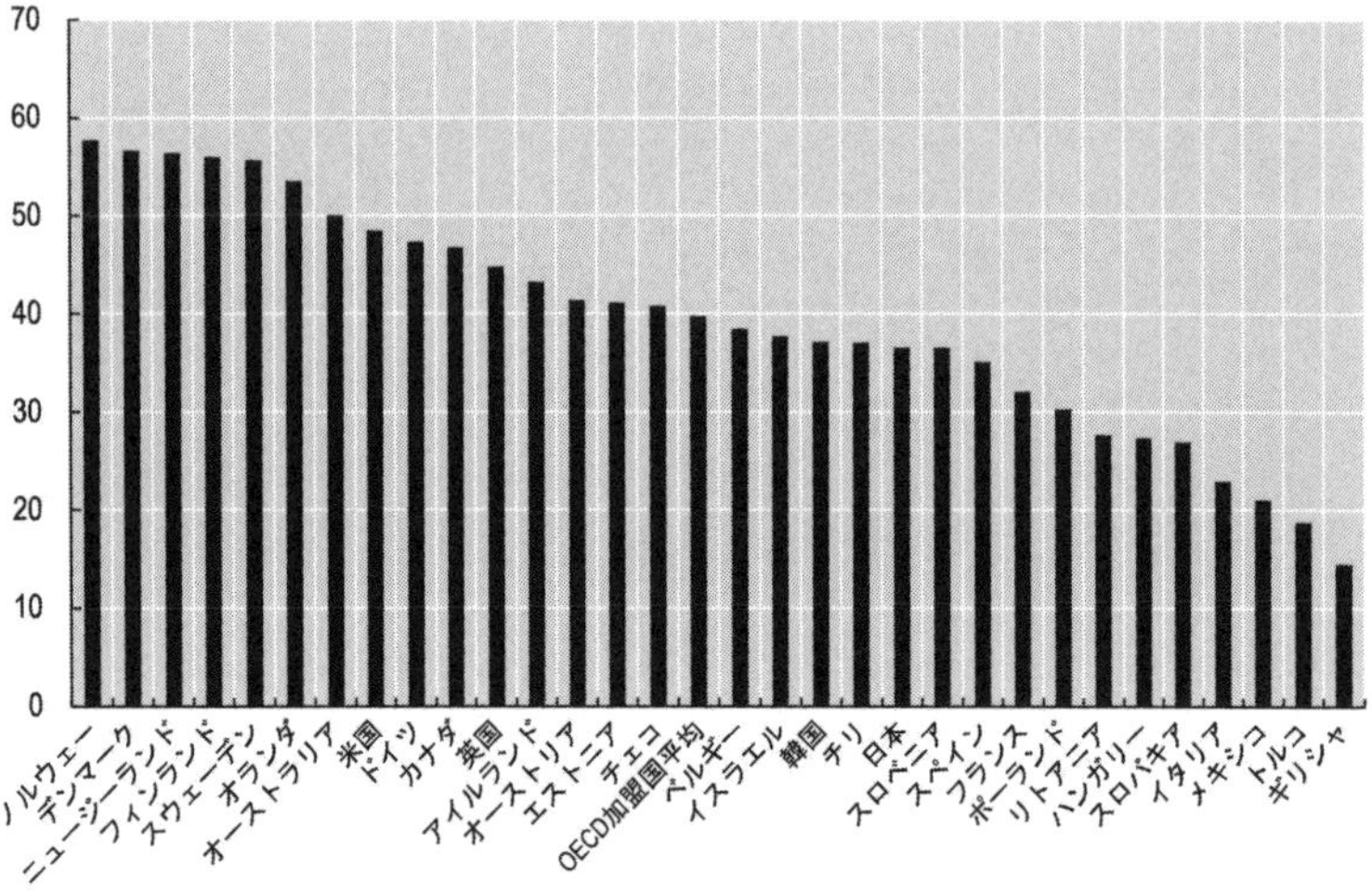

成人の教育訓練への参加率（2012 年、2015 年、2018 年）

資料：OECD 国際成人力調査（PIAAC）

注：データ収集時からさかのぼって過去 12 か月間に、仕事に関連した理由で、フォーマル・ノンフォーマル教育訓練に参加したと回答した 25 ～ 65 歳の割合。各国または地域は、2012 年、2015 年、2018 年に行われた 3 回の PIAAC のうち、1（または 2）回の調査に参加した。ベルギー：データはフランドル共同体のもの。英国：データはイングランドと北アイルランドのもの。

する以前は、早稲田大学の留学センターで働いていました。文部科学省の国際化政策、例えば「経済社会の発展を牽引するグローバル人材育成支援事業」や「スーパーグローバル大学創成支援事業」を大学のレベルで実行し、学生一人一人に届けていくのが私の仕事でした。具体的には、より多くの学生に質の高い留学の機会を、という目標のもと、海外の大学と交換留学の協定を進めたり、留学準備のための語学講座の設定などを担当していました。現在の仕事に話を戻すと、私たちは政策立案者にオプションを提示し、各国政府が決断をし、その決断が大学レベルで実行されて、学び手まで届いていきます。川の流れで言うならば、今は上流の方にいますが、以前は下流、いわば実行に近いところにいました。ＯＥＣＤで働く上でも、自分の仕事がしっかりと下流まで流れて、大げさな言葉で言えば、誰かの幸せに繋がっているといいな、ということは常に頭の中にあります。

もう一つのやりがいは、"visibility" でしょうか。自己満足、そして自己中心的に聞こえるかもしれませんが、今の組織に来て思ったことは、仕事の成果をＯＥＣＤとして発表することによって、私が個人として発表する場合とは比べ物にならない数の人にメッセージを届けられるということです。例えば、私が初めて筆頭著者として書いた『The Emergence of Alternative Credentials』という報告書では、二〇二〇年の発表からこれまでに、一四〇を超える引用がつき、多くの方に読んでいただけた結果、世界各国の二〇を超える会議に発表者として招待して頂きました。報告書をきっかけに、欧州委員会から四年連続で大きな予算の関連プロジェクトの依頼も頂き、結果としてプロジェクトマネージャーを任され、組織内での昇進にもつながりました。正直に言うと運が良かったというだけではあるのですが、一生懸命取り組んだのは事実なので、この経験はその後も頑張る動力となっています。学び手まで仕事を届けるという点と少し似ていますが、自分の仕事が誰かに届いていると実感が持てることは大きなやりがいに繋がります。また、組織の名前に支えられているからこそ、その名に恥じない成果物を出そう、というモチベーションにもなります。なお、この報告書といくつかの関連報告書をまとめて和訳したものを、二〇二二年に『高等教育マイクロクレデンシャル』として明石書店さんから出していただいているので、どんな内容なのだろう、と興味を持ってくださった方がいればぜひお手に取ってみてください。

もちろん、チャレンジも沢山あります。各国政府をクライアントとするコンサルタントのような役回りと言いましたが、どの国からも独立した国際機関である以上、常にクライアントの要望を受け入れるというわけにはいきません。例えば、極端な例で言えば、報告書を仕上げるにあたり、自国の政策の優れた点にのみに言及し、改善点については記載を避けてほしい、といった要望を受けることもあります。ですが、OECDとして、そういった調査結果を大幅に変更するような要望を受け入れることはできません。一方で、私たちは加盟国・パートナー国の協力ありきでなりたっている組織なので、彼らの要望を、話を聞くこともなく全否定するというわけにもいきません。なので、双方の懸念事項を確認しながら、中間点を探る、そのバランスの取り方は常に課題です。私の組織では、他の国際機関と比べると、政治的な要素に仕事

自身初のＯＥＣＤ報告書『Benchmarking Higher Education System Performance』の出版を共著者の同僚と祝う様子（2019年）

が左右されるケースは少ないと認識していますが、それでもこの、組織の独立性と各国との協調のバランスは難しいと常々感じます。

2．ＯＥＣＤまでの道のり

中学高校は、品川女子学院という都内の中高一貫の女子校でした。当時は自分が特別な経験をしているとは気づいていませんでしたが、漆紫穂子先生という敏腕の女性校長が先進的な取り組みを進めている環境で思春期を過ごしました。『28 project』という、女性にとってのターニングポイントがやってくる二八歳を意識した上でのライフデザイン教育や、株式学習、起業体験、企業とのコラボレーション、国際交流など、様々な機会に恵まれました。母が定年までフルタイムで働いていたこともあり、女性がキャリア形成を考えるのは当然のことと思って育ちましたが、漆先生という女性のリーダーのもとで教育を受けたことも自身の人格形成に大きな影響があったと、振り返って思います。

大学は慶應義塾大学の文学部に入りました。大学二年目で一〇以上ある中から専攻を選ぶのですが、私は教育学専攻を選びました。正直に言うと、教育に興味があって選んだというよりは、当時、学園祭実行委員会に所属していて、そちらで忙しくしていたので、課題が多すぎない専攻が良い、というような消極的な理由で選びました。少し弁解をすると、大学一年目の頃から卒業した予備校のティーチングアシスタントをしていたので、根本のところでは教育、人材育成に興味があったのだと思うのですが、当時から今のような仕事に就くことを夢見ていたというわけではありませんでした。

社会人デビューはＤｅＮＡというＩＴ企業でした。就職活動をしている時は、学園祭実行委員としての経験と親和性も高いと思い、広告代理店を志望していたのですが、縁あってＤｅＮＡに舞い降りました。もともとは会社名を知っているか知らないか、といった感じでしたが、入社を決めた理由を今思い返すと、説明会で話をしていた、創業者であり当時の社長であった南場智子さんのカリスマ性に強く惹かれたのではないかと思います。南場さんがよく口にされていた「人や自分に向かわずに、コトに向かう」というメッセージは、今も仕事をする上で常に頭にあります。自分自身の仕事ぶりや他者からの評価ではなく、仕事そのものとまっすぐ向き合う。簡単なようでとても難しいのですが、ＯＥＣＤに入ってからも、何度もこの言葉に支えられてきました。

ＤｅＮＡには二年間勤務し、営業とマーケティングを担当しました。当時の私は今以上に未熟で、理想主義が強く、うまくいかないことを上手に消化することができなかった結果、休職、そして転職に至りました。営業やマーケティングと今の仕事、そしてベンチャー気質のあるＩＴ企業と決して意思決定が早いわけではない国際機関、相反するようですが、同僚とは違う経験をしたことで、意外にも今の職場での自分の強みになりました。国際機関の職員とはいえ、自分たちの仕事をドナーに売り込んでいくこと、そして、世の中に広めていくことは必須だからです。

話は戻りますが、休職にあたり、いろいろと考えた結果、民間ではなく公共セクターで働きたいという気持ちが芽生え、早稲田大学に転職しました。国際部の留学センターに採用してもらいましたが、初日に「ポテンシャルを感じたから採用したけど、君はちょっと英語を頑張る必要があるよね」と言われる程度には英語はできませんでした。国際機関で働いている日本人は帰国子女が多く、語学が堪能な人ばかりですが、私は例外で、早稲田大学退職後にイギリス大学院留学を経験するまで、海外での長期滞在経験はありませんでした。留学センターでは業務の四分の一くらいで英語を使う機会があり、先輩方に手取り足取り教えて頂きながら、英文メールの書き方などを一から学びました。

そして、早稲田大学で一―二年お世話になった後に、イギリスのオックスフォードへ大学院留学に行きました。留学は、転職をする前、DeNAでの休職中から考えていたことで、働きながら準備をして、なんとか実現できました。正直に言うと、学びたいことがあったというよりも、留学したい、海外に住んでみたいという気持ちが先行していたので、専攻内容は軽い気持ちで決めたのですが、最終的に教育学修士(高等教育専攻)を取得しました。決め手のひとつは、早稲田大学での経験です。序盤でお話したように、政策立案・実行の下流の部分にいたので、上流ではどのように物事を見ているのだろうかと教育政策に興味が湧きました。もう一つは、もう少し現実的なところで、自分の応募動機に一貫性を持たせたかったからです。学部で教育学を専攻していて、大学で働いていたとなると、少なくとも応募書類上は、長い間一貫して教育に関心のある人と映ります。海外ではそういった一貫性が、日本以上に重視されます。

長くなりましたが、イギリス大学院を卒業後、外務省JPO派遣制度を利用してOECDに辿り着きます。修士課程に所属している時は、最後まで博士課程への進学を希望するか悩んでいました。ですが、修士過程の時点で結構きつかったんです。学部できちんと勉強しなかったこと、学費がとても高く私費留学だったこともあって、一円も無駄にしたくないと、ひたすら勉強していました。イギリスの大学院はアメリカの大学院ほど財政に余裕がないので、あまり研究環境が整っておらず、強い自制心が求められる中で、三―四年ひとつのテーマを考え続けるというのは、自分の性格上難しいのではないかと思っていました。ちょうどそのような時に、外務省ＪＰＯ派遣制度の説明会がロンドンでありました。それまで国際公務員というキャリアを考えたことはなかったわりに、ＪＰＯ制度のことは耳にしたことがあり、海外で就職できる機会のひとつとして話を聞きに行ってみようと参加しました。その説明会では、「修士号を取得していて、関連の職歴が二年あるのであれば皆さん是非応募を」といった話があったので、では、ということで応募に至りました。

ＪＰＯ派遣制度への応募にいたっては、現在所属しているＯＥＣＤの高等教育政策チームが第一志望でした。大学院でも高等教育政策を主に勉強していたので、チームの仕事内容にはもともと関心がありました。博士課程に進学する程ひとつのテーマを突き詰める心の準備ができていなかった私にとって、政府の関心に寄り添って、常にいくつかのテーマを調査対象としているチームの仕事はとても魅力的でした。

希望が叶って、二〇一八年五月から高等教育政策チームで働き始めることになるのですが、厳密には、前年の夏に大学院を修了してから半年ほどOECD東京センターでもお世話になりました。JPO制度に限らず、国際機関の選考というのは大変時間がかかります。私の場合は、選考の最中に大学院を修了してしまい、職探しをしようと思っていたところでちょうど東京センターのコンサルタント求人を見かけたので応募をしました。この二つのポストが繋がっていたわけではないのですが、東京センターでの勤務初日に、パリ本部にある教育スキル局からもオファーをもらい、そこから今に至るまでのOECDでの冒険が続いています。

3．学びから実践へ　英語で仕事をするに至るまで

もともと語学が堪能というわけではなかった私ですが、現在は五〇人近くいる課で、唯一の日本人として働いています。私の所属するチームには現在八人のスタッフがいますが、全員が欧米出身、四人は英語を母国語としていて、三人は英語で学校教育を受けています。そして、残りの一人が私です。

自分の英語学習歴を振り返ると、ベースの部分は大学受験で培ったように思います。高校一年生の時に短期留学でオーストラリアに数週間行かせてもらい、そこで何も話せなかった悔しさから必死で単語を覚えて、受験では英語は得意科目でした。しかし、自分は英語が得意だろうと思って慶應に入ったら、帰国子女が沢山いて、英語のクラス分けでは中間くらいのレベルでした。大学でも国際交流の機会はたくさんありましたが、ネイティブのように話せる人たちの前で英語を使うのが恥ずかしくて、少しずつ英語から距離を置いていったように思います。英語力は大学四年間でどんどん下がっていき、卒業間際に駆け込みでイギリスに三週間の短期留学に行きましたが、それは英語力を高めるというよりは長い卒業旅行のような感じでした。

そこから、イギリス留学までの英語力のギャップは、早稲田大学留学センターでの経験と、仕事の合間に英語塾に通って留学準備の対策をしたことで埋めました。私の希望するプログラムはIELTS 7.5を条件としていたので、英語力向上というよりはテスト対策という形で集中的に点数をあげるための勉強をしました。とはいえ、イギリスに着いた当時は、留学生の中で最も英語の話せない人の一人でしたし、留学中も必死に勉強をしましたが、今も英語が得意というわけではありません。母国語ではないので、ネイティブに囲まれて仕事をしている環境では、永遠に英語ができる、という気持ちにはならない気がします。そしてここ数年は、母国語である日本語力までもが下がってきていて怖ろしいと思っているところです。

英語力の、私の仕事に特に関わるところ、つまり書くということについては、訓練によるところが大きいです。慶應は大学入試で小論文があるので、高校生の頃から正司光範先生という小論文の専門家のもとで文章の書き方を学んでいました。イギリス留学中もアカデミックライティングといった書き方の集団授業を継続して取っていたのと、個別指導という形で文章の添削もお願いしていました。なので、ネイティブのように英語を操ることは今もこれからもできませんが、仕事を英語でする、という点については訓練でなんとか戦っていけるレベルには持っていけるのではないかと思います。

4. 国際機関にいる「かっこいい」女性たち

女性としてのキャリア形成という点については、残念ながら一般論として、日本にいるよりも外国にいた方が、女性としては働きやすいのが現状かなと思います。国際機関に限って言えば、決して楽な仕事ではありませんが、福利厚生も充実しているし、日本の企業よりも女性のロールモデルが多いです。

例えば、OECD東京センターにいた時は、当時の所長が村上由美子さんという方で、女性とキャリアをテーマとしたインタビューなどを定期的に引き受けていらしたのですが、その回答がいつも最高にかっこいい。村上さんは、国連や外資系投資銀行での勤務も経験された方で、例えば、「白馬の王子様を探すよりも、可愛い我が子との時間を諦めてでもやりたいと思える仕事を探して」といったメッセージ。お子さんもいらして、シッターさんをフル活用し、ご本人・旦那さま共にバリバリ働かれている、というお話は、仕事も家庭も全て自分で完璧にこなさなければならないと、どこかで私が感じていたプレッシャーを打ち砕いてくださいました。教育スキル局に来てからは、本書の第3章を執筆されている小原ベルファリゆりさんが課長としていらしていて、私はゆりさんの課の所属ではありませんが、仕事やプライベートのことで行き詰まると話をする時間を作ってくださります。そして何よりも、欧米の職員が中心の組織の中で、明らかな〝外国人〟として何度も心折れそうになった時に、日本人女性の先輩が管理職として活躍されている様に勇気づけられてきました。

お名前を挙げたお二人以外にも、周囲には家庭とキャリアを同時に築き上げている女性が、日本人に限らずたくさんいます。皆さんそれぞれの苦労話も聞くので、簡単な道ではないとは思っていますが、イギリス留学以前に日本で感じていた、キャリアOR家庭、といった二者択一ではなく、キャリアＡＮＤ家庭として捉えられるようになったのは変化です。

私は今年三五歳になるのですが、結婚はしていて、子どもはいません。ここ数年は、そろそろ出産をした方が良いのでは、という日本社会からのプレッシャーを感じています。生物学的な年齢を理由に大きな決断をしなければならないのは腑に落ちないと感じ、三三歳の時に卵子凍結をしました。お守り程度にしかならないと考えるようにはしていますが、何の行動もとらないままに将来後悔するのは嫌だなと思い、この決断に至りました。卵子凍結の過程は肉体的、精神的な負担が大きく、費用面での経済的な負担もそうですが、男女は生まれ持って不平等なのだなと改めて感じました。もちろん、男性から見て女性が得している面もたくさんあると思うので、お互い様なのかもしれませんが。

5．仕事中心になりがちな日々の中で

先程述べたことと相反するかもしれませんが、キャリアＡＮＤ家庭という選択が可能と考えられるようになった一方で、その二つのバランスの取り方というところでは、私はまだ答えを見つけられていません。日本人に限らず、仕事にフルコミットメントをしつつ、家庭も築いて

いる方の多くのケースにおいては、とても協力的な家庭志向の強いパートナーの方がいらっしゃる場合が多いように見受けられるからです。例えば、思いつく限りの身近なヨーロッパ出身の四〇代女性の同僚について考えてみると、ほとんどが仕事でも活躍し、家庭も築いていますが、多くのケースにおいて、配偶者が家庭のことに協力的で、彼女たちは配偶者よりもキャリア志向、そして収入が高いことをほのめかしています。また、私の職場では、仕事のためにフランスに移り住んできたというケースが半分以上なのですが、配偶者が、女性の職員に合わせて帯同してくる、というケースも珍しくありません。なので、女性が稼ぎ頭であるケースが身近に多くあるという点では、女性は男性よりも多く稼ぐべきではない、または、男性は女性よりも多く稼ぐべき、といった考えをどこかで感じていた日本での暮らしとは異なります。一方で、自身も配偶者も仕事を優先しがちな場合に家庭の行方がどうなるのかは、欧米に目に見えた答えがあるわけでもなさそうで、私自身の結婚生活も含め模索中です。

また、今はまだ、キャリアをもがいている段階なので、ワークライフバランス、というよりは、ワーク中心になりがちというのが正直なところです。日本の就職事情と比較すると、国際機関におけるキャリアは不安定で、例えばＪＰＯとして入った場合は、まず二年間の有期雇用となります。この二年というのは全体でみると安定している方で、一年未満の契約も珍しくありません。JPOとしての派遣が決まった場合も、次のポジションが決まっているわけではないので、常に内部・外部で職探しを続けることになります。私の場合で言えば、まずJPOの二年間が終わるタイミングで、所属していたチームから一年契約のオファーを貰い、そこから、契約更新・昇進を目指しました。OECDの人事制度は最近変わったのと、いずれにしても間違ったことはお伝えしたくないのでここでは深くお話しませんが、JPOからの契約切り替えやその後の昇進のためにも筆記試験と面接を通過する必要があったのと、勤務五年目の時点でもfixed-term（有期雇用）からopen-ended（無期雇用）の契約に切り替わるための審査がありました。何が言いたいかというと、仕事で成果を出すのは当然のことで、それと並行して次のキャリアのための準備も随時進めなければならないということです。

そのため、ワークライフバランスを意識したいと頭の中では思いつつも、同僚と協力しつつ、自然と競争となっていく中で、ワーク中心の生活となっていたことは否定できません。今は七年目に入り、キャリアも少し安定してきたので、少しずつライフの側面も考えていきたいなと思っているところではありますが、それでも、有難いことに仕事で様々な機会を頂くことが多いと、ついついワークに重きを置いてしまいがちです。いずれにしても、どんな仕事であれ、それなりの責任を請け負いたいと思っているのであれば、仕事と家庭を50：50と綺麗にバランスをとることは難しいのではないか、というのが、三〇代半ばの私の今の考えです。今後考えが変わるのか、一〇年後、二〇年後にこの本を読み返して答え合わせをしたいと思います。

一方で、ワークライフバランスを実現するための努力はしています。まず、休暇をとって旅行にいきます。私の職場では年間三〇日お休みがあって、ヨーロッパだと普通、または短いくらいなんだそうですが、皆基本的に使い切ります。夏には一ヶ月まとめてお休みを取る人もいます。そこで、私も

夫（左）と、オックスフォード留学中に出会ったブラジル人の友人夫妻（右）を訪ねにリオデジャネイロへ（2019 年）

お休みをとって、年に二度の日本帰国とは別に、年に一度はヨーロッパの外へ遊びにいくようにしています。今年はメキシコとベトナム、昨年はモルディブに行きました。それ以外にもヨーロッパ内であれば、出張も含めるとほぼ毎月どこかへ行っています。仕事が忙しく、パソコンを持っていかなければならなかったとしても、旅行の予定は無理やりに組んで、少なくとも空間を変えることで気持ちを切り替えるようにしています。

あとは、読書・漫画・ゲームが好きなので、仕事以外の時にはそのいずれかをしていることで、オンオフを切り替えています。仕事が忙しく、特に熱意をもって取り組んでいるときは、頭の中が一〇〇%仕事のことになってしまいます。趣味の時間をとることによって、脳のスペースの一部を仕事以外に解放できるというか、仕事でストレスを感じすぎないように調整しています。…という、好きなことをするための言い訳かもしれませんが。

6. これからのキャリアステージを見据えて

正直に言うと、仕事を辞めたいと思っている日も多々あるのですが、総合的にみると、私は今の仕事がすごく楽しいです。ＯＥＣＤでは入ってからも競争の側面がある程度ありましたが、私は負けず嫌いなので、ある意味ではそういった環境が合っていたのかもしれません。パリで過ごした六年間の中で、JPOからオフィシャルになる（OECDに直接雇われるという意味です）、A1（JPO時のグレード、新人事制度下ではPAL4）からA2（PAL5）へ昇進する、有期雇用から無期雇用への切り替え審査を通過する、そしてA3（PAL6）への更なるステップアップをする、という一つ一つのステージをクリアしてきました。そういった意味で、キャリア形成という観点からも、苦楽の混じった充実した時間を過ごしてきました。

自分の書いた報告書を多くの人に読んでもらえて、かつ政策立案に使ってもらえる。そして、気づけばその分野の専門家として、多くの人から意見を聞かれたり、会議に発表者として呼んでもらえたりする。モチベーションが下がった時には、自分の仕事は誰のためのものなのかを考えます。同級生には三児の母もいる中で、自分はなぜ仕事ばかりしているのだろう、そもそも自分は仕事が好きなのだろうか、と疑問に思う日もあるのですが、エンドユーザー、つまり政策立案者、教育者、研究者、学習者と触れ合う機会があると、もう少し頑張ってみよう、と思えます。

今後のキャリアに関しては、今の仕事には満足していますが、まだ三〇代なので、いずれOECD以外の職場も経験したいと思っています。人生短いので、ずっと同じ場所、同じ組織にいるよりも、冒険を続けて、様々な街でいろいろな人に出会いたいです。これは今の職場に来る前から思っていることです。次の目的地については、いろいろな選択肢があると思いますが、きっと巡り合わせで決まっていくのだと思います。

前半部分も読まれていれば、私がこれまでも人生計画はなしに、感覚で意思決定をしてきたことはお気づきと思うのですが、今は意図的に、綿密すぎる計画は立てないようにしています。一〇年近く前にＤｅＮＡや早稲田大学で働いていた頃には、今の仕事に就くとは想像しておらず、偶然が重なってパリまで辿り着きました。なので、この後もきっと巡り合わせがあるのだと思います。一〇年後に、今の私には、想像もつかないような生活ができていれば最高ですね。もちろん良い意味で！

7. 失敗してもいい、強みを武器に

国際公務員を目指す皆さんに伝えたいことの一つは、帰国子女でなくとも門戸は開かれている、という点です。実際の割合で見た時には、国際機関で活躍されている日本人職員は、幼い頃から海外経験の長い方が多いように思います。先輩を見ていても、最近インターンとして来

る日本人の学生を見ていてもそう感じます。これは普通のことで、日本の大学を卒業するとなると、そもそもOECDを就職先として考えないことがほとんどですし、わざわざフランスまで来てインターンシップをするとなると費用がかなり高くつくので、既に海外にいる人の方が集まりやすいのは自然なことだと思います。また、私自身もそうですが、日本人の感覚として、完璧に喋れない限り英語はできないと常に思ってしまうところがあります。そういう意味で、英語はできないから、海外経験が限られるから、自分には難しいかなと思う人も多いと思いますし、身近に海外就職をしている友人やロールモデルが限られるケースも多いのではないかと思います。その上、国際機関の採用プロセスは、長くてわかりづらいという面もあります。

ロールモデルと胸を張って言えるわけではありませんが、私自身は、学部卒業までの教育はずっと日本ですし、OECD就職以前は日本での勤務経験しかありません。そして、お恥ずかしいことに、第二外国語ができるわけでもなく、フランス語は未だに初心者です。しかし、私のしている仕事、つまり政策アナリストという職種においては、他の強みがあれば、十分にやっていけます。

では、他の強みって何だろうとなると思うのですが、大学・大学院での勉強は頑張るに越したことはありません。これは、私が大学でほとんど勉強をしなかったことの反面教師と、大学院で一生懸命勉強したことによる学びの両方からくるメッセージです。今の仕事も、日々学びに繋がっていますが、やはり研究手法等の基礎的な学習は大学・大学院で終えているというのが前提です。また、今の組織で採用に関わる機会も何度かありましたが、職歴の浅い若い人を雇う場合は、大学院での成績も見ます。良い成績を取れましたとか、論文が表彰されましたとかというのは、この人は研究能力のベースが出来上がっているんだな、文章を書けるんだな、といった証明となるので、良い成績の方は積極的に応募書類に記載頂くのが良いと思います。

他に強みになり得ることは、例えば統計のスキルが挙げられます。ＯＥＣＤの最近のジュニア向けのポジションは、ほとんどが基礎のデータ分析を求めるものです。シニアになればなるほど、プロジェクトマネジメントの経験なども求められるようになりますが、データ分析のような、実際に手を動かす作業はジュニアに回ってくることが多く、そういう意味でRや、最近だったらPythonができると、言語の面でネイティブと互角に渡り合えずとも、大きな強みになると思います。

国連の場合は第二、第三外国語が大事と聞くので、英語以外の言語が喋れるということも、国際機関全体におけるキャリアという意味では他の強みとなるのだろうと思います。ただ、私のように仕事のほとんどが英語の場合は、第二外国語はほとんど登場しません。正確には、クライアントが変わるたびに必要な言語が変わっていくので、翻訳ソフトを活用しながら、どの言語で書かれた情報であっても要点を理解できるスキルが重宝されます。

そして、最も大切なことは、失敗が前提と思って進むことです。日本人、特に偏差値の高い大学に行っている人だと、失敗を一度するとそれで終わり、というように考える人も珍しくないように思います。国際機関でキャリアを築いていこうとすると、私のような凡人は、失敗を何度しても一回成功すれば別にいいかな、というぐらいの強い心持ちでいないとやっていけません。というのも、前の項目でお話しした通り、一度何らかの形で組織に入ってからも、何度も試験、面接、審査などが待ち受けています。その中で、うまくいかないことももちろんあります。少なくとも私の場合はありました。一度駄目だったら、もう駄目だと思ってしまいがちだと思うのですが、そして、私自身も最初の失敗の後は挫けましたが、多くの先輩方に、自分たちも失敗を乗り越えて今の場所にいるよと慰めて頂き乗り越えました。そこで、失敗しても、その失敗を次の成功に繋げる気持ちで挑戦し続ける気持ちがとても大切であると学びました。ファーストリテイリングを率いる柳井正さんが『一勝九敗』という本を出していらっしゃるのですが、私は挫けそうになった時は、あの柳井さんだって負けることもあると思って気持ちを持ち直します。

どこにいてもそうですが、組織の中で必要としてもらうということは、他の人にないものを持っている、簡単には替えがきかない、ということだと思います。まずはその部分を見極めて、そして売り込んでいくしかありません。私は、先に述べた訓練の結果として、遅筆ではありますが人並みに英語で文章が書けます。そして強みは、仕事を完遂させることへのコミットメントの高さ(これはある意味では、ワークライフバランスの、ワークの部分が過多であるということでもありますが)、そして、もう一つは自分では意外だったのですが、細部へのこだわり、であると認識しています。日本で働いていたときには、私はどちらかというとケアレスミスの多い方、と思っていましたし、細かいと言われた記憶はないのですが、今の職場では、私は神経質すぎるくらいだと思われています。同じようなことを言っていた日本人の同僚もいたので、もしかしたら、細部へのこだわりの基準が各国で異なっていて、細かいことが良い悪いということでもないのですが、その中で、自分自身の日本人的気質は、意外にも国際的な職場で希少価値があると判断されているのかもしれません。こういった、日本人ばかりの環境にとどまっていたままでは気づかなかったことに気づくとき、国際的な舞台で挑戦する面白みがあるなと感じます。

この文章を読んでくださった方の、今後の更なるご活躍をお祈りしております。私も引き続き精一杯努めてまいります。

第5章　GPEから日本の教育協力を見直す
——国際公務員として、日本人として——

松吉由希子

1．GPEについて

教育のためのグローバル・パートナーシップ（Global Partnership for Education=GPE）は、二〇〇二年に設立された国際的な基金機関で、開発途上国の教育支援に特化しています。現在、約七〇か国の途上国を支援しており、その使命は、すべての子どもたちに質の高い教育を提供することです。私は、GPEでドナーリレーションズ専門官として、主に日本を含むアジアのドナー国との関係構築、GPEの活動に対する理解促進、資金調達を担当しています。

GPEは二〇年以上前に設立されましたが、その背景には重要な国際的な動きがありました。

当時、国際社会はミレニアム開発目標（MDGs）や万人のための教育（EFA）という国際目標を掲げていました。これらは現在のSDGsの前身と言えるものです。各国がこれらの目標に向けてどれだけ進展しているかをレビューする中で、ある重要な問題が浮き彫りになったのです。それは特に「脆弱な国」と呼ばれる国々が、教育目標の達成から程遠い状況にあるということでした。「脆弱な国」とは、紛争、気候変動、自然災害、食糧危機などの影響を強く受けている国々を指します。例えば、アフリカの一部の国々、そしてバングラデシュやパキスタンなどのアジアの低所得国、内政不安定なミャンマー、気候変動の影響を受けやすい太平洋諸国などが含まれます。

これらの国々の教育問題に対処するため、G7諸国、世界銀行、その他の国際機関が協議を重ね、新しい支援の仕組みとして、数年に一度ドナーからの資金をプールする国際基金が設立されました。設立当初は、世界銀行の信託基金の一つであって、EFA・FTI（EFAのためのファストトラックイニシアチブ）と呼称されていました。

国際基金の大きな特徴は、国際教育支援の効果を最大化するために設計された革新的な資金調達・分配方式です。この仕組みの核心は、複数のドナーからの資金を一つの信託基金に「プール」して集め、それを効果的に途上国であるパートナー国に配分することにあります。また、資金を拠出する際にはパートナー国の能力強化・援助協調等を条件としており、従来のユネスコやユニセフなどが行う個別のプロジェクト型支援をよりパートナー国の重要な教育課題に向けさせ、支援の重複がないように調整を行い、より包括的かつ持続可能な支援を可能にします。

ＧＰＥは、この仕組みをより効果的に運営するため、五年ごとに増資会合を開催しています。この会合で、ドナー国、民間企業、財団などが将来の拠出金を公約するのです。例えば、二〇二一年の増資会合では、五年間の資金拠出が約束されました。各国は「今後五年間でＧＰＥに対して合計二億ドルを拠出します」という形で約束し、それらの資金が一つのプールに集められます。

このアプローチの大きな利点は、大規模な資金を集約できることです。イギリスが六億ドル、ドイツが四億ドルというように各国が拠出していくと、最終的には四〇億ドル単位の大きな資金が集まります。これにより、個別のプロジェクトベースの支援では難しい、長期的かつ包括的な教育支援が可能になります。

この集められた資金は、アジア、アフリカ、ラテンアメリカの脆弱な国々の教育制度改革や効果的な運営のために使用されます。ＧＰＥの財務部門が各国の状況を詳細に分析し、それぞれの国の需要と能力に応じて配分額を決定します。例えば、ケニアに五〇〇〇万ドル、ウガンダに三〇〇〇万ドルといった具合に、効果的かつ公平な資金配分を行うのです。

2．GPEの協調的支援モデル

GPEの支援は単に資金を提供するだけではありません。むしろ、支援を受ける国々の運営能力（キャパシティ）を向上させることに重点を置いています。約二〇年前、「万人のための教育（EFA）」の目標達成状況をレビューした際、大きな問題が明らかになりました。それは、多くの国で様々な支援団体がバラバラに活動を行っており、結果として教育制度全体の改善につながっていないケースが目立っていたことです。

例えば、JICAが支援対象国の政府に「何を支援しましょうか」と尋ねたとします。しかし、政府側に十分な分析能力がない場合、「JICAが得意そうだから」という表面的な理由だけで理数科教育の支援を要請するかもしれません。JICAがその要請に応じて支援を開始したものの、実はユニセフやユネスコも同じ分野で並行して支援を行っていた、というような非効率な事例が多発していたのです。

教育支援は、医療支援などとは異なり、制度全体を包括的にサポートする必要があります。

カリキュラム、教員、生徒、学校施設など、教育に関わるすべての要素を一つのシステム（制度）としてサポートしなければなりません。しかし、バラバラな支援では、この包括的アプローチが実現できません。さらに、政治的な影響も考慮する必要があります。

これらの問題に対処するため、二〇〇五年に援助効果に関するパリ宣言がOECD-DACの調整の下で出されました。これは教育分野に限らず、あらゆる分野での援助協調による援助効果の向上を目指すものです。パリ宣言の核心は、支援活動の透明性を高め、誰がどのような支援を行っているかを明確にすることです。その具体的な取り組みの一例として、GPEのパートナー国であるケニアでの例を挙げることができます。これは、支援を行うすべての団体をひとつの場所に集め、ケニアの教育省が主導権を握って各組織の支援内容を把握・調整できる仕組みを構築しています。これがGPEの重要な役割の一つです。

この仕組みの中核となるのが、Local Education Group（LEG: 地域教育協力調整グループ）です。このグループの主な目的は、教育省自身が長期的な教育政策や計画を立案・実行する能力を高めることです。つまり、キャパシティビルディングに重点を置いているのです。さらに、教育課題の分析も教育省及びLEGの関係者が共同で行い、分析した結果は、全ての関係者に情報が共有されます。したがって、個別の組織がばらばらに現地の教育省のニーズを分析する必要がなくなるので、支援する側とされる側の相互理解が深まり、より効果的な支援が可能になります。

3．現地レベルからグローバルレベルへ

ＧＰＥの役割は、現地レベルでの教育支援にとどまらず、グローバルな教育ガバナンスの形成にも及んでいます。この点は、国際教育協力の未来を形作る上で極めて重要です。ＧＰＥは、グローバルレベルでの議論の場に積極的に参加し、また自らイベントを開催して多くの関係者が特定課題について議論をする場を設けています。例えば、二〇二三年一二月に開催された気候変動の会合においては、「教育と気候変動」に関するイベントを開催し、多様なステークホルダーが一堂に会しました。

また、ＧＰＥは、年に二回理事会を開催しており、ＧＰＥのドナー国・パートナー国・ＮＧＯ・民間／財団等の代表が集まり、これからの国際教育協力のアプローチについて、グローバルな視点から議論が交わされます。このような議論が重要な理由は、それがドナー国の政策に直接反映されるからです。例えば、現在ポストＳＤＧｓの文脈で注目されている「複合的な危機」への対応について考えてみましょう。従来の国際協力は、教育や保健医療などセクターごとの

支援が主流でした。しかし、現実の世界、特に脆弱な国々では、気候変動、紛争、食糧危機などが同時に発生しています。このような複合的な危機に効果的に対応するためには、セクターを超えた包括的なアプローチが必要です。そこで注目されているのが、こうした複合的な危機に対応するための基盤としての教育の役割です。例えば、「気候変動に対応した教育支援とは何か」といったテーマが活発に議論されています。これらの議論は、単なる理論的な検討にとどまらず、ドナー国の具体的な政策に反映される必要があるのです。

私の重要な仕事の一つは、日本やアジア諸国がこのグローバルレベルの議論に積極的に参加することを促進することです。これは単なる国際会議への出席以上の意味を持ち、各国の外交政策にも大きな影響を与える可能性があります。日本の事例を見てみましょう。現在、日本の外務省には国際教育協力の政策を専門に扱う部署が存在しません。保健医療や環境分野には専門部署があるのに対し、教育分野にはそのような部署がないのです。これは、日本の国際教育協力における影響力を制限する要因となっています。ＧＰＥとしては、外務省と文科省の間における連携を促進したり、日本において国際教育協力に携わる関係者を一同に集め、国会議員と勉強会を開催する等の活動を行っています。国際教育協力の分野で日本の影響力を高めるためには、このように関係者で議論を重ねて、日本の国際教育協力に関する政策や戦略を策定していく必要があるからです。

GPEの活動は、パートナー国における援助協調から、グローバルな政策議論の促進、さらには各国の外交政策への影響まで、幅広い範囲に及んでいます。我々の目標は、より効果的で包括的な国際教育協力の実現です。そのために、現地レベルからグローバルレベルまで、様々な階層で活動を展開しているのです。この取り組みを通じて、GPEは単なる資金提供機関を超えた役割を果たしています。我々は、国際教育協力の在り方を根本から変革し、より効果的で持続可能なアプローチを推進しているのです。日本やアジア諸国がこの過程に積極的に参加することで、グローバルな教育政策の形成に独自の視点と経験を提供し、世界の教育の向上に貢献することができると信じています。

4. 途上国から期待される教育大国の日本

GPEのドナーリレーションズ専門官の役割は、多岐にわたっています。私の仕事は単なる資金調達にとどまらず、政策立案や外交活動にまで及んでいます。現在、外務省や国会議員との議論を通じて、日本独自の国際教育協力の推進に努めています。日本は戦後、教育大国として高い識字率を達成し、経済成長を遂げました。この戦後復興の経験から得られた教訓を途上国の発展に活かすことを多くの途上国は期待しています。

日本にいる人たちは自国の教育制度に対してネガティブな面に目がいってしまう傾向があるかと思いますが、途上国からは非常に魅力的に映っています。例えば、日本の学校給食制度や防災教育は、多くの途上国で応用可能な優れた実践例です。また、エジプトでは、JICA等を通じて日本型道徳教育や特活等を導入しています。この取り組みをGPEの資金によって拡大化したいと要望がでています。

私の仕事の一つは、このような日本の教育経験を国際協力の場で活かし、パートナー国のニーズに合わせてGPEの資金を活用して大きく展開することです。さらに、GPEの枠組みを幅広い層に説明し、理解を深めてもらうことも重要な任務です。これは単に資金調達のためだけではなく、国際教育協力の重要性を社会全体に浸透させ、持続可能な支援体制を構築するために不可欠なものです。

一方で、日本におけるGPEの認知度の低さは大きな課題です。他国では、GPEは世界最大規模の教育組織として認識され、イギリスやヨーロッパ諸国はグローバルな議論に積極的に参加しています。対照的に、日本では認知度が低く、政府の関与も限定的であるのが現状です。

この状況は、GPE側にも責任の一端があります。GPEの主なドナー国である欧米諸国の職員が多く、日本向けの情報発信や説明が不足していたのです。日本人は日本語での説明に親和性が高いため、私が五年前に着任して以来、積極的に情報発信を行い、様々な方々との対話の機会を設けているところです。しかし、より大きな課題は、国際教育協力の分野においては、欧米諸国を中心に議論の枠組みが形成され、日本がグローバルな議論に十分参加できていないことです。日本人の立場が弱いという現状は否定できません。私は、この状況を見直し、強化していく必要があると強く感じています。日本人職員の発言権を強めるためには、日本政府のバックアップが不可欠です。政府のサポートにより、日本人職員が発言権を持ち、組織内で効果的に働ける環境が整うと思います。日本のプレゼンスを高め、発言権を強化することが求められています。

二〇二六年の増資会合・グローバルエデュケーションサミットでは、日本がしっかりとしたプレゼンスを示せるようにすることが私の目標です。二〇二一年のサミットでは当時の茂木外務大臣が参加しましたが、日本からの具体的な貢献の表明（プレッジ）がほとんどなく、日本人として大変残念に感じました。他国が大きな金額を約束する中、日本が毎年少額ずつしか拠出しないというのは、パートナー国の失望にもつながりかねません。日本は慎重に資金拠出を決定する傾向がありますので、信頼関係を築くことが重要です。

5．バックパックから国際舞台へ

国際教育協力の世界に足を踏み入れた経緯について、私の個人的な背景と経験について触れたいと思います。

私は九〇年代に大学生でしたが、それまでの人生の大半を海外、主にアメリカで過ごしました。ドイツにも滞在経験があり、多様な文化に触れる機会に恵まれました。大学進学を機に日本に戻ってきたのですが、この国際的な背景が後の私のキャリアに大きな影響を与えることになります。

私の家族の歴史も、国際的な視野を持つきっかけとなりました。祖父は国家公務員で、戦中戦後に内モンゴルで日本大使館員として働いていましたが、そこで亡くなっています。祖父の経験に関する多くの謎が、家族の中で国際的な関心を育む土壌となったと言えるかも知れません。父は中国語を学び、中国の専門家としてキャリアを積んだ後、欧米へ赴任することになりました。その関係で私も海外で暮らす時期が長く続いたのです。

大学生になった時、父から重要なアドバイスを受けました。「きちんとアジア近隣の諸国を理解しておくべきだ」という言葉です。この助言を受け、九〇年代当時はまだ珍しかったバックパッキングを始めました。この旅で最も印象に残っているのは、タイ、ラオス、ミャンマーの国境付近での経験です。そこで出会った日本人女性は、少数民族の子どもたちのために寮を運営し、教育支援を行っていました。彼女の活動にボランティアとして関わり、少数民族の子どもたちと関わることによって教育の重要性を強く実感したのです。

少数民族の子どもたちが持つ独自の言語や文化の価値を目の当たりにする一方で、主流の学校制度を享受できず、将来への不安を抱える子どもたちを多く見てきました。この経験が、私の国際教育協力への関心の原点となったのです。

学部卒業後、自身の知識と経験をさらに深めるため、開発学の最先端を行くイギリスのサセックス大学大学院に留学しました。ここで私は、現在の仕事にも通じる重要な課題に直面することになります。それは、西洋的な開発ディスコースとコロニアリズムの問題です。

イギリスは多くの植民地を持っていた宗主国であり、開発学もその歴史的背景から発展してきました。インド、アフリカ諸国など、かつての植民地国の発展が開発学の基盤となっています。これらを学ぶ中で、私の心には一つの疑問が芽生えました。「これは西洋的なコロニアリズムの新たな形態ではないか」という問いです。

この疑問は、「日本型の国際協力とは何か」という問題意識へと発展しました。西洋とは異なる歴史的背景を持つ日本が、どのような形で国際協力に貢献できるのか。この問いは、私の研究と実践の核心となっていきました。

大学院修了後、日本に戻り、ＪＩＣＡの研究員として働き始めました。ここでは主に中央アジア、特にウズベキスタン、カザフスタン、キルギスなどの国々を研究対象としました。この経験は、アジアにおける開発の実態を直接観察する貴重な機会となりました。

しかし、コロニアリズムと日本型のアジアにおける開発協力について、さらに深い比較研究を行いたいという思いが強くなり、博士課程への進学を決意したのです。幸運にもフルブライト奨学金を獲得し、アメリカのコロンビア大学の博士課程に進学することができました。

6．アフガニスタンが教えてくれたこと

私の人生と研究の方向性を大きく変えたのは、二〇〇一年九月一一日の同時多発テロ事件です。この出来事は、私の研究者としての視点だけでなく、国際協力に対する姿勢も根本から変

えることになりました。

九・一一の直前、私は中央アジアでフィールドワークを行っていました。カザフスタンとウズベキスタンの国境地域で女子教育に関する調査を進めていたのです。しかし、イスラム過激派の動きが活発化し、警察から外国人の退去勧告を受け、やむを得ずフィールドワークを中断してニューヨークに戻りました。

そして帰国直後に九・一一が発生しました。中央アジアで感じていた緊張状態が、突如としてニューヨークの現実となって目の前に現れたのです。この経験を通じて、世界の出来事が密接に繋がっていることを痛感しました。

さらに、"never been attacked"と言われてきたアメリカが攻撃を受け、市民が恐怖に震える姿を目の当たりにしたことは、私に大きな衝撃を与えました。この経験は、国際関係や安全保障、そして教育の役割について深く考えさせられる契機となりました。

大学の研究活動が一時停止し、学生のメンタルケアに注力する中で、私は自分の役割について真剣に考えました。その結果、アフガニスタンで直接的に支援活動に携わることを決意したのです。

ちょうどその頃、外務省のＪＰＯ試験に合格していました。当初は中央アジアへの赴任を考えていましたが、状況を踏まえてアフガニスタンに焦点を絞りました。二〇〇三年から二〇〇四年にかけて博士課程を一時中断し、アフガニスタンへの赴任を志願したのです。

私は、ユニセフのＪＰＯ（Junior Professional Officer）として現地入りすることができました。このような緊迫した時期に赴任が許されたことを、読者のあなたは、不思議に思うかもしれません。私自身も、期待と不安が入り混じった複雑な心境でアフガニスタンに向かいました。

アフガニスタンでの経験は、私の国際教育協力に対する姿勢と理解を根本から変える転機となりました。現地では自分の役割が明確に定められていないことに直面しました。「あなたは誰？何のために来たの？」という現地の人々の反応に戸惑

アフガニスタンの子どもたち

いを感じたのを覚えています。しかし、この一見不十分に思えた準備と不明確な役割が、逆説的に貴重な学びの機会となりました。最も困難な緊急事態の渦中でアフガニスタンの教育事業に関わることで、国際協力の現場における柔軟性と創造性の重要性を学びました。

特に印象深いのは、アフガニスタンの人々との深い絆です。「こんな大変な時期に来て、私たちの国のために身を挺して働いてくれてありがとう」という彼らの言葉は、今でも私の心の支えとなっています。この経験を通じて、教育支援が単なる知識の伝達ではなく、人々の希望と尊厳を支える重要な役割を果たすことを実感しました。この体験こそが、私が日本政府にもっと真剣に教育支援に取り組んでほしいと考える理由であり、GPEにアジアにも注目してほしいと訴える根拠となっています。

7．外務省での学びと気づき

アフガニスタンでのJPO経験後、私のキャリアは新たな展開を見せます。ユネスコ本部での仕事に移り、教育支援の緊急対応部署の仕事に関わることになったのです。この転換は、現場経験を政策立案に活かしたいという私の希望と、変化する国際情勢に対応するユネスコの新たなニーズが合致した結果でした。

ユネスコでの経験を通じて、日本政府の国際機関における役割の重要性を痛感しました。当時の日本は多額のODA（政府開発援助）を拠出していましたが、その使途が必ずしも効率的や戦略的ではないことに気づいたのです。この認識が、私を外務省の中途採用試験受験へと導きました。日本の外交政策の場に携わりたいという思いが、外務省入省の動機です。

外務省では、様々な部署を経験し、多くの学びを得ます。しかし同時に、長時間労働や深夜勤務が日常的であることも実感しました。外務省職員の献身的な姿勢に感銘を受ける一方で、制度的な問題や国の仕組みを変えることの難しさも痛感しました。六〜七年の外務省勤務の中で、ベトナム大使館への赴任も経験できました。ASEANの議長国を務めていたベトナムで、日本のプレゼンス強化に取り組んだことは貴重な経験と言えます。

しかし、長期的な視点から自己の役割を見つめ直した結果、私は再び国際機関の現場に戻ることを決意しました。自分の能力を最大限に活かせるのは、やはり国際機関の現場だと再認識したからです。そして、かつて重要な経験を積んだアフガニスタンに再び赴くことを決めました。

二〇〇三年から二〇〇四年の九・一一後のアフガニスタンは、国の再建に向けた前向きな機運があり、私にとってもポジティブな経験でした。しかし、一〇年後に再びアフガニスタンを訪れた際には、状況が大きく変化していたのです。かつての希望に満ちた雰囲気は影を潜め、代わりに混沌と停滞が支配していました。汚職が蔓延し、以前は国の再建に熱心だった人々も、今では目先の利益にしか関心を示さなくなっていたのです。さらに、イスラム原理主義の台頭が状況をより複雑にしていました。それでも、この困難な状況下で私は意義深い仕事に携わる機会を得ます。特に印象に残っているのは、タリバン政権下で教育を受ける機会を奪われた女性たちが、ようやく読み書きを学べるようになったことです。彼女たちの目に宿る学ぶ喜びは、私に大きな勇気を与えてくれました。また、警察官を対象とした教育プログラムの立ち上げなど、新たな取り組みにも挑戦しました。外務省での経験を活かし、日本政府から大規模な教育プログラムのための資金を獲得できたことは、私にとって貴重な経験です。この成功は、外交の現場で培った知識と人脈が、国際協力の実践においていかに重要であるかを実感させてくれました。

アフガニスタンでの任務を終えた後、私はヨルダンでも同様の活動に従事しました。これらの現地経験を通じて、ＧＰＥの存在意義を強く認識するようになりました。ユネスコやユニセフといった国際機関の活動基盤を支えているのがＧＰＥであり、その枠組みの中で援助協調が行われていることを知ったのです。二国間援助にまでこの枠組みを広げていくには課題も多いですが、GPEの重要性は明白でした。こうした経験と認識を胸に、五年前にGPEでの仕事を開始しました。現在に至るまで、これまでの多様な経験が、私の仕事の基盤となっています。紛争地域での活動、外交の現場、国際機関での勤務など、一見すると異なる経験が、今では有機的につながり、国際教育協力という大きな目標に向かって収斂していることを実感しています。

8．女性視点の可能性

ここで、女性としてのキャリア形成について触れたいと思います。国際協力の分野で活動してきた経験から言えることは、女性であること

ヨルダンにて初めて作成した長期教育計画を教育大臣らと発表

が特に不利益をもたらすことはほとんどないということです。どの国で働いていても、女性だからうまくいかなかったとか、残念な思いをしたということはあまりありませんでした。しかし、文化的や宗教的な違いによる複雑な感情は確かに存在します。特にアフガニスタンでの経験は印象深いものでした。タリバン時代に教育を受けられなかった女性たちと接する機会があり、やるせない感情を強く抱きました。一方で、興味深いことに、私が女性であることがむしろ有利に働いたケースもありました。アフガニスタンでは今でも女性差別が存在し、男性が女性の声を直接聞くことが難しい場合が多いのです。そんな中、私はアジア人女性、いわゆる"Woman of Color"という立場でした。この立場が非常に重要な意味を持っていたと思います。例えば、白人の西洋人女性がアフガニスタンの女性に話を聞いても、彼女たちが本音を語ることは難しかったかもしれません。しかし、私はアジア人で、アフガニスタンの人々と似たような顔立ちをしています。そのため、アフガニスタンの女性たちは私に対してより心を開いてくれ、多くの本音を聞くことができました。

この経験は現場での活動だけでなく、組織運営にも活かされました。チーフとして、できるだけ多くの女性、特にアフガニスタン人女性を採用し、彼女たちのキャリア形成をサポートしてきました。彼女たちが抱える悩みを共有し、一緒に解決策を見出していくプロセスは、非常に意義深いものでした。

一方で、ヨルダンでの経験は大きく異なるものでした。アラブ諸国では、特に裕福なアラブ人にとって、アジア人はメイドやベビーシッターとして認識されることが多いのです。街を歩いていて石を投げられるなど、身の危険を感じる経験もありました。これは私の価値観を大きく揺さぶる経験で、恐怖を感じ、一人で外出することができないほどでした。

しかし、これらの経験は必ずしも性別に起因するものではなく、文化的・宗教的背景の異なる国で働く際に直面する避けられない課題だと考えています。むしろ、これらの経験を通じて、多様な文化や価値観を理解し、それぞれの状況に応じて柔軟に対応する能力を養うことができました。

9．国際協力のキャリアが突きつける現実

国際協力の分野でキャリアを築く上で、結婚や子育てに関する懸念は多くの人々、特に学生にとって共通の課題です。厳しい生活環境のパートナー国における仕事では、これらの課題がより顕著になります。一つの場所に長期間とどまることが難しいという特性上、結婚生活やパー

トナーとの関係維持、そして子育てに関して多くの困難が生じるからです。しかし、重要なのは、これらの課題が女性だけでなく、男性にも同様に影響を与えるということです。

確かに、日本社会では依然として女性により多くの負担がかかる傾向がありますが、国際協力の現場では、男女問わず同程度の困難に直面します。例えば、私がかつて働いていたアフガニスタンのような国では、安全上の理由から家族の帯同が許可されないため、子どもを持つことはおろか、家族を持つこと自体が難しい状況にある人も少なくありませんでした。私が女性として特に不利を感じなかった理由の一つは、国際機関の場合、仕事上では性別に関係なく成果を求められるからです。つまり、女性だけが特別な負担を負うわけではありません。

親との関係については、私は恵まれていました。両親は当初から私が海外で活動することを後押ししてくれ、常に支援的でした。アフガニスタン滞在中も、両親は常にニュースをチェックして気にかけてくれていました。しかし、二回目のアフガニスタン勤務中に、予期せぬ困難な経験をしました。母が重篤状態で倒れたのです。電話で話している最中に起こった出来事でした。妹が救急車を呼び、私も駆けつけましたが、残念ながら意識を取り戻しませんでした。

この経験を通じて、海外で働きながら家族と離れて暮らすことの難しさを痛感しました。母との関係が特に親密だっただけに、母を失う経験は非常に辛く、常に側にいられないことがさらに辛さを増しました。一方で、アフガニスタンのスタッフが私を支えてくれたことは心強い経験でした。

予期せぬ出来事は避けられませんが、どんな状況でも柔軟に対応できる能力が重要です。自分自身が精神的に崩れてしまっては何もできません。どのように強く前に進み、レジリエンス（回復力）を身につけていくかが非常に重要だと考えています。

10．次世代の国際公務員へ

国際公務員を目指す若者へのアドバイスとして、私は特に重要な心構えを強調したいと思います。それは、日本人として日本のことを深く理解し、適切に語れるようになることです。

国際機関やパートナー国で働く際、日本人としての視点を求められる機会が非常に多くあります。多くのパートナー国が日本から学びたいと考えており、これは日本にとって大変ありがたいことです。日本がここまで成長できたのは先人たちの努力があってこそです。この事実を誇りに思い、適切に伝える能力を身につけることが重要です。具体的には、日本の歴史、文化、社会システム、経済発展の過程などについて深い知識を持つことが求められます。また、日本の強みだけでなく、課題についても客観的に分析し、説明できるようになることが必要です。

さらに、西洋的な考え方や文化が主流の国際機関において、日本の視点を明確に発信することも重要です。多くのアジア諸国が日本を見本としており、G7唯一のアジア国である日本の姿勢を積極的に示していく必要があります。

国際公務員としてのキャリアは、挑戦的でありながら、非常にやりがいのある道です。自分の能力を最大限に活かし、世界の課題解決に貢献できる機会に恵まれます。そのような機会を最大限に活かすためにも、日本人としてのアイデンティティを大切にしながら、グローバルな視野を持つことが重要だと考えています。

第6章　国際機関で「好き」や「得意」を仕事に
――グローバル課題にモニタリングから向き合う――

岩崎（吉川）響子

1．GPEでのモニタリングの仕事

私は現在、Global Partnership for Education（GPE）の事務局でモニタリング評価専門官をしています。GPEは、基礎教育分野に特化した世界最大規模の信託基金です。資金規模は二〇二一年から二〇二五年までの五年間で四〇億ドル程で、その大半が低所得国及び低中所得国が策定した教育システム改革のためのプログラムに使われています。事務局は世界銀行にあり、私の仕事は、その事務局においてGPEが資金援助したプログラムの進捗や成果をモニタリングすることで、各プログラムから上がってきたデータを集計、分析し、各所に報告したり、業務の

改善に役立てたりしています。また、プログラムのモニタリングをより効果的効率的に行うためのシステムの改善などにも携わっています。

開発分野においてモニタリング評価の仕事に携わっている人の大半が個別プログラムないしプロジェクトの評価をしていると思いますが、私が現在行っているモニタリング評価はＧＰＥの組織としてのパフォーマンスを評価するもので、若干毛色が異なります。組織としてのパフォーマンスは、ＧＰＥの戦略計画（二〇二四年現在はGPE 2025 Strategic Plan）に掲げられた成果や目標の達成状況に基づいて評価され、私はその中でもＧＰＥが資金提供したプログラムのモニタリングを担当しています。ＧＰＥは現在九〇か国程の国に資金援助をしており、個別のプログラムは途上国政府に任命された資金運用機関（Grant agent）が管理します。ＧＰＥ事務局の私のチームでは、Grant agentからの進捗報告や支出状況などのデータを分析し、ＧＰＥが資金援助したプログラムが全体としてうまくいっているかどうか、共通の課題は何か、改善のために誰が何をすべきかなどを考えています。また、実施に遅れがみられるプログラムを特定し、事務局としてどのような支援ができるかを検討し、遅れを未然に防ぐための仕組みを構築することも重要な仕事です。

個別プロジェクトの評価とＧＰＥにおける組織のパフォーマンス評価の大きな違いの一つは、

前者は現場での一次データの収集を伴うことが多いのに対し、後者は、二次データをデスクベースで集計・分析することです。組織のパフォーマンス評価はこの点で、複数の評価結果を横断的に整理・統合してより一般化した結論を求める統合評価（Evaluation synthesis）やシステマティックレビューに近いものがあります。また、評価の主な目的が、評価対象の改善やアカウンタビリティの確保である点はプロジェクト評価もパフォーマンス評価も変わりませんが、パフォーマンス評価はその結果が資金調達に直結している点でユニークです。特に昨今は、国際開発から気候変動へドナーの関心がシフトしつつあることに加え、世界各地での戦争や情勢不安もあり、教育分野で資金を調達するのは大変厳しい状況です。そんな中で、ＧＰＥの成果を数字で示すことはかつてないほど重要性を増しています。

2．すべての始まり——スペイン留学とマドリード電車爆破事件の衝撃

教育と開発の仕事がしたいと思ったきっかけは後述するメキシコでの経験でしたが、その前にメキシコに行くことになった経緯をお話しします。埼玉県の田舎で生まれ育った私は、大学三年でスペインに留学するまで外国に長期で滞在したことはありませんでした。日本語教師を

していた母の影響で学部時代は上智大学でスペイン語を専攻していたのですが、将来の職業について具体的に考えていたわけではなく、当時は交換留学に行きたいという短期的な目標だけを持っていました。幸いにも夢がかなってスペインのマドリード自治州立大学に交換留学に行くことになり、そこで漠然と興味のあった国際関係などを勉強していましたが、学業よりも世界の色々な国から留学に来ている留学生との交流の方が刺激的で楽しかった記憶があります。そんな折、二〇〇四年三月一一日に、毎日通学のために乗っている電車が爆破される事件が起こり、一九一人が死亡、二〇〇〇人以上が負傷しました。その日はたまたま大学がストライキだったため、私は電車に乗らなかったのですが、生まれてこの方テロとは無縁の生活を送っていた私にとって大きな衝撃を受けた出来事でした。事件後、犯人はイスラム過激派のテロリストであったこと、当時の政権のイラク派兵が背景にあったことなどを知り、中東での戦争や国際情勢を一気に身近なことに感じました。

その後のスペイン社会の反応も私にとってはまた別の衝撃でした。大学の国際関係の授業では、教授や生徒たちが電車爆破事件に関して何時間にもわたり議論をしていました。また、イラク派兵を決めた当時の政権に対する批判が集中し、即時撤退を求める市民の大規模なデモが相次ぎ、三日後に行われた総選挙では野党が勝利、イラクからの撤退を決定しました。一連の流れとそのスピード感に驚き、市民の声が政治を動かすエネルギーを目の当たりにしました。世界が直面する様々な問題への関心も高まり、それらの問題に対し、自分にも何かできるのではないか、何かしたい、と強く考えるようになったのもこの事件がきっかけでした。

3．人生を変えたメキシコでの二か月間

「グローバルな課題のために何かしたい」という思いを胸にスペインでの交換留学が終わり、上智大学の教授が企画しているメキシコでのボランティアに参加することにしました。メキシコの教会系の施設に学生ボランティアを派遣するプログラムで、私はメキシコ人ボランティアの二人とグアナフアト州レオンという町にある児童養護施設に派遣されました。児童養護施設には、さまざまな理由で親元を離れて暮らさざるを得ない幼児から中学生くらいまでの女の子五〇人程が生活していました。彼女たちの境遇を知るにつけ、食べるものにも寝るところにも不自由せず、大学まで行かせてもらった自分の人生がいかに恵まれているかを初めて知りました。そして、このような理不尽な状況をどうにかしたい、と強く思いました。

メキシコでは無力感も強く感じました。児童養護施設はシェルターとしての役割は担ってい

るものの、子供たちが施設に来ざるを得ない状況を変えなければどうしようもないというのは当時の私にもわかりました。貧困や暴力の連鎖を断ち切るために何が必要なのだろうか、と考えていた矢先、出会ったのが識字センターでの活動でした。児童養護施設を運営している団体は先住民のために住居を提供し、識字センターでスペイン語の読み書きを教えていました。私がいた当時、数人の女性がスペイン語の勉強をしていたのですが、文字が書けない、読めないというのは、こういうことなのだというのを目の当たりにしました。文字が読めないと、職業の選択肢が少ないだけでなく、薬のパッケージが読めない、選挙で自分の名前が書けないなど、多面的な影響があることも施設の職員から学びました。また、言語は社会参加のツールの一つであり、その社会で使われている主要言語ができないと疎外感を感じやすいことは、言語が全く分からない国に旅行した経験などからも想像ができました。翻って、読み書きができることや教育の機会があるということは、一人の人としての可能性を広げ、社会の発展や安定にとっても非常に重要なことだと身をもって実感しました。この経験がきっかけで、教育と開発に関する本を読み漁り、教育が個人や社会に与える便益の大きさに強く引きつけられました。そして、将来は教育を通して途上国の開発に関わりたいと心に決めました。

4．卒業、就職、そしてイギリスへの大学院留学

教育と開発に関する仕事がしたいという強い思いはありましたが、学部卒業後最初に就職したのは建設機械メーカーでした。CSR活動としてやっている地雷除去事業に魅せられて応募し、国際営業の部署に配属になりました。しかし、教育開発への夢を諦められなかった私は、メーカーでの仕事にいまいち目的を見出せず、ロータリー財団の国際親善奨学金に受かったことを契機に会社を辞め、イギリスのイーストアングリア大学の大学院に留学しました。

大学院では教育と開発を専攻しました。大学院で最初に教わったのはcritical thinking、すなわち言われたこと書かれていること教えられたことを鵜呑みにするなということでした。生まれてこの方ずっと日本で教育を受けてきた私にとっては、先生に言われたことを暗記することこそが勉強だったのでショックでしたし、勉強の仕方に慣れるまでに時間もかかりました。また、入学前は、大学院で一年間勉強すれば、途上国の教育に関する複雑かつ多面的な課題を理解でき、卒業後に関連するキャリアを築けるだけのスキルや知識を身に着けられるのだろうと期待していましたが、入学後すぐにそうではないらしいことに気付きました。ここで学ぶのは、分からないことがあったときの調べ方やものの考え方なのだと。スペインでの留学時代と

はうって変わってイギリスでは大真面目に勉強しました。念願叶ってフィールドワークのためにメキシコに戻ることもでき、先住民を対象としたバイリンガル識字教育プログラムについての調査を実施しました。識字教育プログラムが当初の目的を達成しているかどうかをインタビューなどの質的評価手法を使って評価し、調査結果をまとめた修士論文は最高評価の Distinction を得ることができました。修士論文を書くプロセスは基本的に孤独なものですが、人の力を借りることで自分一人では成し遂げられないことも可能になることも実感しました。同級生が何時間も議論に付き合ってくれたり、

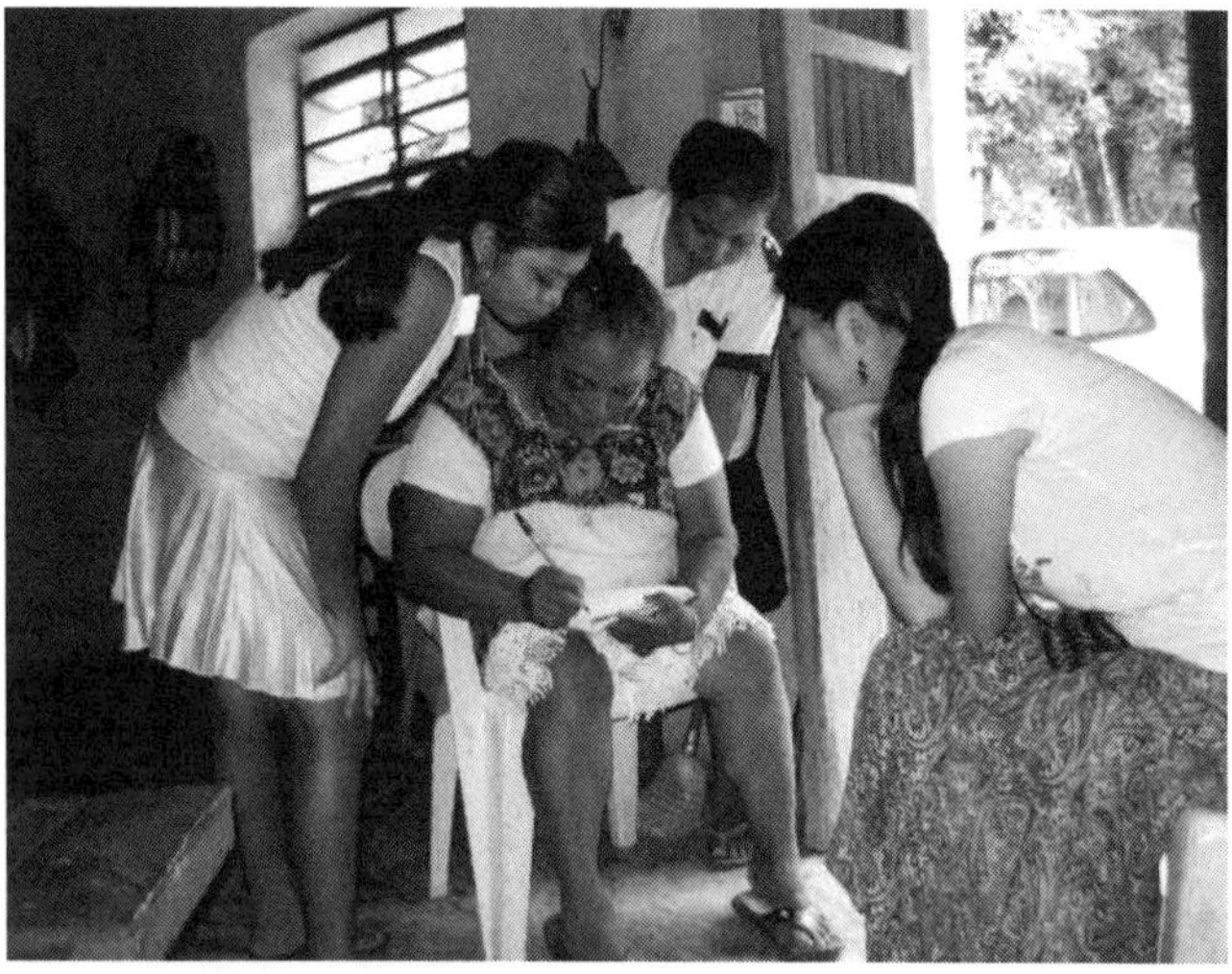

メキシコで識字プログラムの参加者にインタビュー。自分の名前をノートに書いてくれた（2008）

フィールドワークの調査結果を体系的に整理できるソフトウェアを教えてくれたり、修士論文の最終稿を丁寧に添削してくれなかったら最高評価を得ることはできなかったと思います。

5．外務省での仕事――公益のための仕事に出会う

修士号取得後の就職活動では、ミッションに共感できる組織には片っ端から応募しましたが、面接までこぎつけたのはほんの一握りでした。数か月にわたる就職活動ののち、初めて長期の開発分野での仕事につけたのは外務省でした。国際協力局で日本の教育開発政策に関する仕事を一年程、援助協調に関する仕事を二年程しました。外務省での仕事は私にとっては初めての公的機関での仕事だったのですが、意思決定の基準が利益の多寡ではなく日本や世界にとって有益なものであるか否かである点が民間企業とは大きく異なると思いました。国際会議の前なと日付を超えて残業することも珍しくありませんでしたが、それでも大義のために仕事をしているという充実感がありました。また、憧れの開発分野の職場で、必要とされることや役に立てることにやりがいも感じていました。公的機関における意思決定の舞台裏やドナー側の物の考え方を理解できたことは、今ＧＰＥで仕事をする上でも役に立っていると感じます。

6. 開発の現場へ、そしてモニタリング評価の世界へ

外務省での任期が終わり、パデコという日本の開発コンサルタント会社に就職し、主に教育分野でＪＩＣＡの技術協力プロジェクトの実施に携わりました。技術協力プロジェクトは途上国政府の能力強化や技術移転を主な目的とするものですが、途上国の政府職員に移転するほどの技術力を持っていなかった私は当初プロジェクトマネジメントの担当として、プロジェクトの予算やスケジュールの管理などをしていました。次第に、プロジェクトマネジメントの仕事の一つとしてプロジェクトの成果のモニタリングなどに関わるようになり、プロジェクトの効果を測定するための調査にも携わるようになりました。例えば、ルワンダのプロジェクトでは学校の先生を対象に校内研修を広めるパイロット活動をしていたのですが、校内研修を実施した学校で教員の能力や生徒の成績が向上していることを示し、ルワンダ政府が校内研修を全国の学校に普及させるきっかけになりました。

また、モザンビークの教員養成課程の教科書を開発するプロジェクトでは、調査を通して教員養成課程の課題を分析し、その結果を教科書の構成に役立てたり、教員養成課程制度の改革や、教員養成校の運営を改善したりすることにつなげました。現場でのモニタリング評価の仕

事は、自分が収集し、分析した調査結果が途上国の教育課題の改善に役立っているという手ごたえがあり、とても充実していました。モニタリング評価を体系的に勉強したくて評価士の資格を取ったり、もっと役に立つ分析がしたくて統計分析の研修を受けたりもしました。また、現場での調査結果を国際学会や学術論文を通して外部に発信することも心掛けました。外部への発信を通して、プロジェクトを超えた広い世界でこの調査がどのような意味を持っているかを考えるきっかけになり、調査結果

ルワンダでの調査の一環で生徒に対するグループインタビューをする筆者（2014）

を用いてプロジェクトの活動をスケールアップする際にも役立ちました。モニタリング評価の世界の面白さを教えてくれた会社の先輩、プロジェクトの中で私に活躍の場を与えてくれたプロジェクトリーダー、私の成長を支え、それを評価してくれた会社には感謝しかありません。

現場での仕事はとても楽しく、モニタリング評価分野での経験を積むに従って次第に様々な仕事を依頼されるようになり、気付けば年間七―八か月海外出張している年もありました。しかし、パデコでがむしゃらに仕事をして五年が経ったころ、夫がアメリカに赴任することになり、現場を離れワシントンDCに引っ越すことになりました。そこで出会ったのがGPEでの仕事です。

7. GPE事務局　初めての国際機関勤務

ワシントンDCでは、モニタリング評価における経験を買われてGPEのコンサルタントの仕事を得ました。しかし、前述のとおりアフリカでやっていた個別プロジェクトのモニタリング評価とGPEの事務局でやっているモニタリング評価は全くの別物でした。ただ、特に開発コンサルタント時代の経験が活きていると感じることが大きく分けて三つあります。まず、開発コンサルタントとしてプロジェクトの最前線で仕事をしたことは、途上国の教育システムの現状や課題を本当の意味で理解する上で非常に重要だったと感じます。途上国の教育については本や論文もたくさんありますが、やはり自分自身が直接経験したからこそ、デスクベースの仕事でも現場の状況に想像力を働かすことができています。二つ目に、現場でプログラム評価の計画から実施、評価結果の伝達・活用まで、評価のサイクルを最初から最後まで経験できたことは、モニタリング評価の専門家としてその後活動する上で非常に重要な経験だったと思います。最後に、開発コンサルタントの駆け出し時代に携わったプロジェクトマネジメントの経験も今の仕事に活きています。ＧＰＥでは、毎年報告書の締め切りまでのほぼ半年間、Grant agentや事務局の多くの人を巻き込んで多様なデータを収集し集計しますが、これには緻密なプロジェクトマネジメントとソフトパワーが必要です。開発コンサルタント時代に現場でプロジェクトマネジメントの経験を積んだことに加え、母校の上智大学で国際開発におけるプロジェクトマネジメントの講師をしたことも、プロジェクトマネジメントについて体系的に理解する上で役立ちました。

一方で、国際機関での勤務は初めてだったため、特に上司や同僚とのコミュニケーションにおいて非常に苦労しました。国際機関で活躍し評価されるためには、専門性に加えてコミュニケーション能力、交渉力、プレゼン力などが必要だということを今も日々痛感しています。特に、私のやっているモニタリング評価の仕事は大変地味なため、事務局の意思決定者にアピールできる機会は非常に限られています。幸い、地味な作業をコツコツとやることを特異な才能だと思ってくれる同僚に引き上げられ、上司の目に留まり、フルタイムのポジションを得ることができましたが、そこまではとても長い道のりでした。

夫のワシントンDCでの仕事が終わり帰国することになったのが、ちょうど新型コロナウィルスが世界で大流行し始めた頃でした。コロナ禍でGPEでもテレワークが可能になったため、私は東京からテレワークで仕事を続けることになりました。しかし、東京とワシントンの時差は一三―一四時間。ちょうどその頃に第一子を出産したため、連日連夜のオンライン会議はとても大変で、家族の協力なしには成立しませんでした。ほぼ家業のようになったテレワークを三年続け、もうテレワークを続けられないというところに来て、私も夫もパリでの仕事が決まり、七か月前に生まれた第二子を加えた家族四人でパリに引っ越すことになりました。

8．「好き」や「得意」を仕事にする――国際機関を目指す方へのメッセージ

こうして自らのキャリアを振り返ってみると、自分が心から好きだと思えること、やってい

て楽しいこと、興味があることを見つけたことがキャリアの転換点だったと感じます。開発に漠然とした興味がありながらも、何をやっていいのか分からない時に教育に出会い、教育と開発の分野で仕事をしたいと強く思いました。その後、教育分野の中でもどう貢献したらいいか分からない状況が続いていた中でモニタリング評価に出会い、この分野で専門性を深めることにつながりました。開発分野の仕事は専門性が問われますが、好きなことであれば専門性を深めるための勉強も比較的苦にはなりません。これから深める専門性を探している最中の読者の方は、自分が何にワクワクするかを探してみるといいかもしれません。

しかし、当然、好きなことが全て仕事になるわけではありません。私の場合、大学院時代は教育分野の中でも識字教育に特に関心がありましたが、識字教育に関する仕事は当時探した限りほぼ皆無でした。また、開発コンサルタント時代は教員研修のプロジェクトに携わることが多かったのですが、世界銀行やGPEなど国際機関の本部においては私の教員研修分野での経験は技術的すぎるのか、ワシントンDCで私がこの分野の仕事を得る可能性は低いと感じました。それでも、夫の仕事のために引っ越したワシントンDCで何か仕事をしたいという一心で就職活動をし、幸いにもGPEでコンサルタントの仕事を得ました。正直に言えば、もっと途上国の教育に直接的に関わることができる仕事がしたいと思っていましたが、今思えば、この時にえり好みせず、自分が必要とされているところでその時のベストを尽くしたからこそ今があると思います。つまり、ピンポイントに好きなことを仕事にすることは叶わなくても、相対的に見た自分の「得意」は仕事になることがある、ということなのかもしれません。

ただ、好きなこと、得意なことが仕事になったとしても、それだけで職業生活が幸せになるかというとそうではありません。私の場合、自分が何らかの役に立っているという実感や、尊敬できる同僚や上司に働きを認められることも仕事のやりがいになっていると気付きました。また、仕事を通して成長できることは、日々の充実感のみならず中長期的なキャリア形成にも重要だと感じています。全てが満たされる仕事はこの世に存在しないかもしれませんが、何が自分を幸せにするかを理解しておくことは、キャリアを考える上で重要なことだと思います。これは人生全般に関しても言えることかもしれません。

9. 終わりに――グローバルキャリアのすすめ

パリに来て二か月が経ちましたが、三年間のテレワークを通して忘れかけていた国際機関ならではの仕事の醍醐味を感じています。同僚は皆、国籍もバックグラウンドも多様で、才能に溢れた人が数多くいます。例えば、今までの人生で出会ったことのないほどプレゼンが上手な人、積年の課題に対してクリエーティブな解決法をどんどん思いつく人、どんな状況でもみんなを笑わせ、やる気にさせるユーモアにあふれた人など。そのような同僚に囲まれて仕事をすることで、世界の広さを実感するとともに、自分自身の成長の大きなモチベーションにもなっています。また、同僚や関係者と直接話す機会が増えたことで、色々な人と物事の本質的な部分で共感できたり、信頼を得られたと感じられる瞬間が増え、やりがいを感じます。そして、日々の仕事や生活を通じて大小様々な発見がありとても刺激的です。思い返せば、コンサルタントとしてアフリカの現場で仕事をしていた時も、多才な人々との出会いや多様な価値観との遭遇はこの仕事の特権だなと感じていました。もちろん、海外で仕事をし、生活することは楽しいことばかりではありません。紛争地や衛生・安全面で不安がある国であれば尚更だと思います。だから手放しにこの仕事を勧めるつもりはありません。でも、日本を離れ広い世界で挑戦することは、自分自身を成長させてくれるだけでなく、人生を豊かにしてくれるかけがえのない経験になるので、そのことがこの本を手に取ってくださった多くの人に伝わるといいなと思います。

第7章 教育支援の現場で紡ぐキャリア
——教育の使命と力を信じて——

國松茉梨絵

1．紛争地での使命——現在の仕事とその挑戦

現在、私はユニセフ・スーダン事務所で教育マネージャーとして勤務しています。スーダンは、豊かな文化と歴史を持つ国ですが、長年にわたる政治的不安定と度重なる紛争が、その発展を阻んできました。二〇二三年四月に始まった紛争は、教育システムに深刻な打撃を与えています。多くの学校は閉鎖され、多くの子どもたちが安全な学びの場を失いました。

このような状況下で、ユニセフの役割は極めて重要です。私たちのチームは、スーダン全土で教育支援を行い、教育の灯火を絶やさないよう努めています。紛争直後には、比較的安全な

地域での学校再開に向けたアドボカシーやリソース提供を行い、様々な理由で学校の閉鎖が続く地域では、安全な学習スペースを設けて、避難先でも子どもたちが学びを続けられるよう取り組んでいます。これらの学習スペースでは、質の高い教育、安全な環境、そして心理社会的支援を提供することを目的としています。多くの子どもたちは、紛争による深刻なトラウマを抱えており、学びの場が彼らにとって安全な避難所となり、コミュニティ内で子どもらしく過ごせる場所を提供することが求められています。

さらに、イノベーションを用いて、ノンフォーマル教育やデジタルラーニングを推進し、教育の機会を逃さないよう努めています。特にデジタルラーニングでは、インターネット接続が不安定な地域でもオフラインで学習コンテンツにアクセスできる仕組みを提供し、子どもたちがどこにいても教育を受け続けられるよう支援しています。

私の役割は、これらの教育プログラムを戦略的に計画、実行、モニタリングをし、チーム全体をサポートすることです。具体的には、現地の教育関係者やNGO、政府機関との連携を強化し、教育資源の最適な配分を図るための調整役を担っています。また、ドナーとの関係構築や教育支援のための資金調達活動も重要な役割の一つです。国内避難民や難民の子どもたちに対しては、教育が彼らの未来を切り開く鍵であるという信念を持ち、困難な現実の中で教育が希望の光となるよう努めています。私たちは、この使命のもと、困難な状況下においても、子どもたちが学び続けるためのあらゆる手段を講じています。教育は、単に知識を提供するだけでなく、子どもたちのメンタルヘルスを支え、彼らが子どもらしくいられる場を提供するものです。その役割を果たすために尽力しています。

2. 国際公務員を志したきっかけと学生時代

私が国際公務員を意識し始めたのは、中学二年生の頃でした。正直に言えば、当時の私は授業中に集中できず、教師に叱られること

スーダンの紅海州にて、ユニセフが支援する国内避難民キャンプの仮設学習スペースで学ぶ子どもたちとともに（2024年）

もしばしばありました。しかし、そんな私が一変したのは、国際理解教育の授業で、発展途上国の子どもたちが直面する厳しい現実を知ったときでした。その映像を見て、何か自分にもできることがあるのではないかと感じました。それ以来、少しずつですが、真面目に語学の勉強を始めるようになりました。そんな中で、中学校時代に故・緒方貞子先生とお話しする機会に恵まれたのです。私が「貧困削減にどう貢献できるか？」と尋ねたところ、緒方先生は優しく「専門的な知識とスキルを身につけて、国際協力分野で働いてみてはどうか」と助言してくださいました。この言葉が、私の心に深く刻まれ、大学と大学院で教育開発を専攻する決意を固めました。

上智大学では、教育学を専攻し、一・二年生の間に、教育哲学、日本教育史、教育社会学、学校教育学、国際教育学、などを学び、教育開発分野のゼミに入りました。三年生からは、北村友人先生の教育社会学ゼミに所属し、アジアやアフリカの発展途上国における教育問題について学びました。学部時代から、教育開発の専門家の指導を受けられたことは、とても貴重な経験でした。ゼミ活動を通して、現地の教育事情を理解する機会を得る中で、教育が社会全体の発展に寄与する力を持つことを実感しました。また、ゼミの一環で指導教員とメンバーで、カンボジアへ訪れ、現地調査も体験し、教育現場での実態を直接目にすることができました。

この経験は、教育開発の重要性を改めて認識する機会となり、現地に実際に足を運んで調査することの重要さ、面白さを実感しました。三年生の後半からは、友人たちが就職活動を始める中、私は大学院受験に専念することを決め、サークル引退後は受験準備に集中しました。学科の先生方にご指導いただきながら情報を集め、最終的に神戸大学国際協力研究科を志望しました。その理由は、統計や計量経済学を学べること、教育経済学・教育財政学・教育政策と計画を専門とする小川啓一先生の存在に加え、国内外のインターンシップやダブルディグリープログラムが充実している点にも魅力を感じたからです。

神戸大学の国際協力研究科に進学した際には、小川啓一先生のご指導の下、統計や計量経済学といった研究ツールを活用しながら、発展途上国の教育問題にアプローチするための研究手法や方法論を深く学びました。小川先生はゼミの学生に対して、授業や研究を超えたさまざまな機会を提供してくださり、私はそれらの機会を最大限に活用しました。例えば、国内外の学会での発表、ラオスでのフィールド調査、国連機関でのインターンシップ、そしてＪＩＣＡプロジェクトでのコーディネーターとしての経験を通じて、理論と実践を結びつけた学びを得ることができました。これらの経験は、のちの国際機関での仕事において非常に役立ち、キャリア形成の重要な基盤となっています。

大学院時代は、様々な機会をいただき積極的に挑戦していました。時にはいっぱいいっぱいになることもありましたが、これらの豊富な経験がその後のキャリアに大きな影響を与えました。特に、神戸大学での学びは理論だけでなく、実践的なスキルを養うための絶好の機会でした。私の指導教官がよく言っていた「be proactive, don't be shy」という言葉は、まさに私の信念の一部となっています。成功や何かにつながる保証がなくても、長期的な目標を見据え、その目標に向かって積極的かつ戦略的にチャンスを選び、つかむことが重要であったと今でも感じています。

3．挑戦と成長の歩み

国際機関での就職は、単なる学歴や資格ではなく、実際の経験や即戦力が求められます。そのため、大学院時代には常にアンテナを張り、あらゆる機会に挑戦しました。しかし、その道のりは決して平坦ではなく、数々の応募に失敗し、何度も挫折を味わいました。先が見えず、不安や焦りに悩む日々も多かったですが、「やれることをやるしかない」と思いながら、少しずつ前に進んでいきました。周りの友人が次々と就職していく中、自分だけが取り残されているように感じることもあり、不安は尽きませんでした。それでも、自分の目標に向けてできることを続けていった結果、今振り返れば、その時間が成長の大きな要因だったと感じています。

そんな折、神戸大学国際協力研究科時代のゼミの先輩の紹介を通じ、大学院卒業後に世界銀行ダッカ事務所（バングラデシュ）でのコンサルタントの機会を得ることができました。ここでの私の役割は、職業教育訓練プロジェクトにおける教員研修と教育の質に関する調査を実施することでした。バングラデシュのさまざまな地域にある職業訓練校を訪れ、調査を行ったり、教育省にある世界銀行プロジェクトオフィスでデータの整理や分析に取り組みました。初めての本格的な国際フィールドでの経験は、非常に挑戦的で現場での実践力の不足を痛感することもありましたが手探りで何度も壁にぶつかりながらも、失敗を恐れずに挑戦を続けました。この経験は、私のキャリアにとって大きな教訓となりました。

世界銀行でのコンサルタント終了後、小川啓一先生のご紹介がきっかけで、帝京大学で教員として働く機会に恵まれ、教育者としての新たな視点を得ることができました。教壇に立つことには最初は戸惑いもありましたが、教育の現場での経験が将来のキャリアにとって不可欠だと考え、自分を奮い立たせました。教育政策を考える上で、現場での経験がどれほど重要かを、身をもって知ることができました。

教育の現場で学生たちと向き合い、彼らの成長を見守ることは私にとって非常にやりがいのあるものでした。しかし、心のどこかでは、再び国際フィールドに戻りたいという強い願望が芽生えていました。これが私の次なる挑戦への原動力となり、さらに大きな一歩を踏み出す決意を固めました。

４．国連のキャリアへの挑戦

大学教員としての三年間は、教育の現場で多くの学びと成長をもたらしてくれました。特に、学生たちとの交流を通じて、教育がいかに個々人の人生に影響を与えるかを実感しました。学生たちが抱える課題や夢に向き合う中で、教育者としての責任とやりがいを強く感じ、教育活動の重要性を再認識しました。しかし、心の奥底では、再びフィールドに戻りたいという強い願望が芽生えていました。

そんな中、外務省が実施するＪＰＯ派遣制度に応募を検討しました。ＪＰＯ制度は、日本政府が国際機関に若手を派遣し、国際公務員としてのキャリアを積むためのプログラムです。しかし、私は即座に応募することを選ばず、まずは途上国での経験をもう少し深めるため、外務省の平和構築・開発におけるグローバル人材育成事業に参加することを決意しました。この事業は、平和構築や開発支援分野での実務経験を持つ研修員が集まり、約五週間の国内研修と一年間の国連ボランティアとしての国外研修を通じて、知識とスキルを磨く場であり、私にとって理想的なステップとなりました。

平和構築・開発におけるグローバル人材育成事業の国内研修は、まさに知的な刺激と挑戦に満ちた五週間でした。国内外で活躍する平和構築・開発分野の専門家や実務家の講師陣から学び、多様なバックグラウンドを持つ研修員たちと共に切磋琢磨する中で、得た知識やスキルは現場での実務に直結し、私にとって非常に貴重な財産となりました。また、この研修を通じて築いたネットワークは、今でも私のキャリアにおいて非常に重要な支えとなっています。国連のキャリア形成に〝同期〟のような概念はありませんが、この研修を通じて得た仲間たちは、今でも同期のような大切な存在です。この五週間の研修を経て、各研修員は自分の専門性に応じて、さまざまな国や国際機関に派遣されました。私もその一員として、ユニセフエジプト事務所に赴任し、現場での経験を積むことができました。研修で得た知識やスキルはもちろん、研修中に築いたネットワークも、派遣先での仕事において非常に大きな支えとなりました。

エジプトでは、教育セクションの緊急教育支援チームに所属し、難民や移民、ホスト・コミュニティの子どもたちが質の高い教育にアクセスできるよう、教育省やNGOと協力して支援活動を行いました。この経験を通じて、国際機関でのキャリアを構築するために必要な実務経験を積むことができました。特に、緊急事態下での教育支援の重要性を痛感し、困難な状況でも子どもたちに教育の機会を提供することがいかに大切かを改めて学びました。ＵＮＶとして派遣された際は、教育を専門とする上司のもとで、ユニセフの仕事の進め方やシステム、さらには業務に対する心構えまで、幅広い指導を受けました。優れた上司とチームに恵まれたことが、その後のＪＰＯとしての経験に大きくつながったと感じています。

エジプトでの任期終了後、私はユニセフ・スーダンオフィスにＪＰＯとして派遣され、緊急教育支援のプロジェクトを担当しました。スーダンに赴任したのは二〇二一年一月で、当時は民主化政権による暫定政権の時期でした。しかし、二〇二一年一〇月にクーデターが発生し、スーダン軍が実権を握り、二〇二三年四月に紛争が激化。国内の状況は一層厳しくなりました。

スーダンでの任務は、急激に変化する状況に適応しながら業務を遂行しなければならない非常にチャレンジングなものです。ユニセフの活動は、こうした困難な状況下でも、現地の子どもたちやコミュニティへの支援を途切れさせることなく継続されており、紛争下での教育支援の重要性を身をもって感じました。特に、教育の継続や子どもたちの安全確保に向けたユニセフの取り組みは、現場での最大の課題です。

スーダンでの経験を通して、緊急支援の現場では迅速な意思決定と柔軟な対応が不可欠であることを学びました。紛争地域では日々状況が変化し、新たな課題が絶え間なく発生します。その中でも、子どもたちへの教育支援を絶やさないために、私たちはチーム全体で協力し、臨機応変に対応し続ける必要がありました。

さらに、スーダンでは、変化の激しい環境の中でも、ユニセフのリーダー、上司、そしてチームの仲間たちから多くのことを学びました。彼らは、仕事の進め方だけでなく、人間性やリーダーシップの面で大きな影響を与えてくれました。特に印象的だったのは、緊急支援の場では、チーム全員がそれぞれの場

スーダンの南コルドファン州にて、教育プログラムを通じて支援しているコミュニティの女性たちと共に

でリーダーシップを発揮していたことです。リーダーシップは上司や特定の役職だけが持つものではなく、どんな状況でも、誰もがリーダーになれるということを学びました。

ＪＰＯ任期終了後、私は同オフィスで教育マネージャーとなり、スーダンでの教育支援を続けています。これまでの経験は、国際教育支援の現場でのリーダーシップやチームワークの重要性を実感する貴重な学びとなり、私のキャリアにとってかけがえのないものとなりました。

国際教育協力分野で働き始めて約九年が経ちました。この間に気づいたのは、専門性や言語能力に加えて、忍耐力、柔軟性、健康な身体、そしてプロアクティブさが極めて重要であるということです。現在、私は紛争が続く国で働いていますが、このような状況では、毎日のように問題が発生し、状況が非常に不安定で変化しやすいのです。こうした環境下では、まず体力が必要ですし、厳しい現場や状況での忍耐力が問われます。さらに、臨機応変に対応する能力や、不可能と思える状況でも解決策を模索し続けるプロアクティブさが求められます。

5．女性としてのキャリア形成

国際機関でのキャリアを築く過程で、性別に起因する特有の挑戦に直面することもありましたが、それらの経験を通じて学び、成長する機会が得られました。学生時代はキャリアに集中し、プライベートなことについてはあまり深く考えることはありませんでした。しかし、年齢を重ねるにつれ、ワークライフバランスや結婚、出産といったライフイベントについても意識せざるを得なくなりました。

ユニセフは、多くの女性リーダーが活躍する組織です。これまでの上司や同僚の中にも多くの女性がいて、彼女たちは私にとって素晴らしいロールモデルとなり、仕事だけでなくプライベートでも大きな影響を与えてくれました。彼女たちのサポートや理解は、私のキャリア形成において非常に大きな励みとなり、挑戦に立ち向かう力を与えてくれました。特に、様々な形で働く先輩たちからは、優先事項が人それぞれ異なることを学び、自分のニーズを信じて進んでいけば良いと感じることができました。ロールモデルの存在は、私にとって大きな支えとなっています。

ユニセフでの仕事には、定期的な赴任地への異動がつきものです。これまでは、夫が柔軟に働ける環境にあったため、私の赴任地に同行してくれていましたが、スーダンは紛争地であるため、二〇二三年四月以降、家族を連れて行くことができなくなってしまいました。このため、現在の教育マネージャーのポストに応募するかどうか非常に迷いました。しかし、夫の理解と励ましがあり、教育マネージャーのポストに応募することを決めました。現在は、四週間に一度、Rest & Recuperation（R&R）という国連の制度を利用し、夫のいるエジプトへ帰る生活を送っています。離れている寂しさはありますが、今はこの仕事に全力を注ぎ、さらなる経験を積むことに集中しています。

次の赴任地では、家族との時間をきちんと持てる環境で働けることを願っています。これまでキャリアを最優先にして進んできましたが、これからは家族を第一に考えられる働き方へとシフトしていきたいと思っています。

ユニセフは、女性のキャリア形成を支援し、リーダーシップの育成を推進する組織です。スーダンで教育マネージャーとして働く中で、これまでに出会った素晴らしい女性リーダーたちが、困難な状況でも柔軟性や共感力を持ってチームを導いてきた姿に大いに励まされています。自分はまだまだ未熟ですが、その方々のあとに続けるよう、日々学びながら努力しています。彼女たちのように、チーム全体が一丸となり、目標に向かって前進できるよう、サポートしていきたいと思っています。

リーダーシップは、ただ管理や指示をすることではなく、共に働く仲間と共感し、支え合いながら目標を達成することだと強く感じています。スーダンでの経験は、たくさんの素晴らしいリーダーにめぐり合わせてくれました。この経験が私のキャリアにとって非常にポジティブな影響を与えています。私は今後も、ユニセフで出会った素晴らしいリーダーから学んだことを生かし、国際的な場でより一層の貢献をしていきたいと考えています。

6. 家庭とキャリアの両立

キャリアを追求しながら家庭とのバランスを保つことは、私自身を含め、多くの女性にとって大きな課題だと思います。特にスーダンのような緊急度の高い地域で働いていると、そのバランスを取るのは簡単ではありません。ただ、私にとって家庭はエネルギーの源であり、とても大切な存在です。

現在、私はスーダンで勤務していますが、夫はエジプトに住んでおり、私たちは遠距離での生活を送っています。スーダンでの仕事は時に非常に過酷で、正直、家庭との両立が難しいと感じることもありますが、四週間に一度のR&R休暇を利用して夫と過ごす時間は、私にとって大切なリフレッシュの機会です。この時間のおかげで、またスーダンでの業務に全力で取り組むエネルギーが湧いてくるんです。

日々のコミュニケーションも欠かさず行っていて、私のキャリアに対して夫が理解を示してくれているのは本当にありがたいです。彼のサポートがあるからこそ、挑戦的な仕事に向き合うことができ、私たちの信頼関係が私のキャリアを支える大きな力となっています。

とはいえ、両立するために日々工夫も欠かせません。仕事の優先順位を明確にし、効率よく時間を使うように心がけています。ユニセフでの業務はとても多岐にわたりますが、最も大事なことに集中することで、なんとかバランスを取っています。もちろん、仕事の後や休暇中には、できるだけ家族や友人との時間を大切にするようにもしています。この時間が心のリフレッシュになり、仕事に戻ったときにまた集中して取り組める力をもらっています。

さらに、自己管理のために、運動や健康的な食生活もできる範囲で取り入れています。仕事が忙しくても、自分の健康を無視することは避けたいと思っています。特にスーダンのような環境では、ストレス管理が本当に大事で、毎日のルーティンの中で心と体のバランスを保つ努力をしています。

7. 国際機関を目指す方へのアドバイス

私も国際機関でのキャリア形成に奮闘中ですが、これまでの経験から、皆さんにお伝えしたいことがいくつかあります。四つのポイントにまとめましたが、これは私自身も日々実践しながら学んでいることです。一緒にこの道を歩んでいきましょう！

まず第一に、「積極的に行動し、挑戦を恐れないこと」です。国際機関や人道・開発分野でのキャリアを目指す者にとって、これは非常に大切な心構えです。長期的な目標を持ち、チャンスが訪れたときには、迷わず飛び込む姿勢が重要です。私も実際、わからないことにぶつかるたびに、どんどん質問し、積極的に行動することを心がけています。完璧である必要はありません。未知の領域にも「イエス」と答え、自ら学び、プロアクティブに対応することが成功への鍵だと感じています。国際機関では、包括的で体系だった新人研修がないことが多いので、自分から進んで学び続ける姿勢が本当に大事です。

次に、専門的なスキルと語学を磨くことです。特に教育開発の分野では、統計やデータ分析のスキルが求められることが多く、これらを習得することで、プロジェクトをより効果的に進めることができます。また、異なる文化や背景を持つ人々との言語能力も含めたコミュニケーション能力も必須です。国際機関での仕事では、多様な価値観や視点を尊重しながら協力していくことが求められます。私も日々、このスキルを意識して取り組んでいます。

ソフトスキルと健康も非常に大事です。忍耐力、柔軟性、そして健康は、現場で成果を上げるために欠かせない要素です。知識や専門性はもちろん大切ですが、日々の問題に対応し、チームを支える力が求められます。私も現場で、ソフトスキルと体力がどれほど重要かを実感しています。

最後に、自分の能力や学んできたことを信じ、前を向いて進むことです。どんなに厳しい状況でも、自分がここまで積み重ねてきた努力や経験が必ず力になるはずです。これまで私も数多くの困難に直面してきましたが、周囲のサポートや学び続ける姿勢が、自分を支えてくれました。一人で全てを成し遂げるのは難しいことが多いですが、サポートを大切にしながら進んでいけば、きっと道は開けると感じています。

みなさんには、情熱と粘り強さを持って、国際機関でのキャリアを追いかけてほしいと思います。国際機関で働くことは、時に厳しい現実に直面することもありますが、その一方で、人々に直接的な影響を与えることができる非常にやりがいのあるものです。私もまだまだ駆け出しで、日々学びながら挑戦を続けています。皆さんも自分の道を信じて、ぜひがんばってください！

第8章　専門の「軸」を貫くキャリアパス

――積極性・行動力が繋いだ縁の中で――

上野明菜

1．はじめに

私は現在、フィジー共和国の首都スバにあるユニセフ・大洋州事務所で教育専門官として勤務しています。担当分野は大洋州一四か国に対する教育政策分析・教育事業計画、教育と気候変動・防災に対する支援です。皆さんも聞いたことのあるトンガ、ソロモン、サモア、ツバルなどの島嶼国の教育省の方々と一緒に、各国の教育問題や文化・伝統を考慮して子どもたちが将来必要なスキルや能力を身に着けられる教育現場となるような政策作りを支援する仕事です。具体的には、幼児教育から初等、中等、高等教育まで五か年教育計画など教育の全分野にわたる政策の支援です。

ある一日の仕事の例を挙げると、午前中はフィジー教育省と会議、午後はソロモンの気候変動と教育に関するレポートのレビュー、バヌアツと新しいインクルーシブ教育政策の発表イベントに関する会議、キリバスとジェンダー平等と教育に関するレポートの進捗状況に関する会議等、異なる国と分野が交差する複雑な仕事内容です。ユニセフの活動分野は、教育、保健・栄養、水と衛生、子どもの保護が代表的ですが、やはり今一番ホットな分野としては気候変動が各分野に与える負の影響とそれを防ぐためにはどのような対策が必要かという議論です。

前任地のユニセフ・ラオス事務所では、全

ユニセフ大洋州事務所にて（2024）

国学力テストの実施や防災と教育、その他教員訓練など教授と学習の質の向上に関する分野を担当していましたが、現在のポストでは、政策の策定という教育を広い視野で見る事に挑戦するために応募しました。ユニセフでは、シニアレベルになっても自分で興味のある空席に応募し、筆記やプレゼンテーションと面接を経てポジションを獲得します。後ほど触れますが、短い期間に次の赴任地を探さなくてはならない点が国際機関職員の仕事が不安定な理由の一つです。

2. 彷徨い歩く子どもたち――問題意識の原体験

三〇歳でイギリスに留学するまでは国際公務員を本気で目指す(目指せる)とは思っていませんでした。高校生の頃に一番好きだった授業が「異文化理解」という様々な国際問題について学ぶ授業であった事もあり、今から考えると「国際的な仕事」には憧れがありましたが、自分の周りに国連で働く人がいなかった事や国連職員になるには何をするべきかという情報が極端に少なかったこともあり、国際公務員は帰国子女の人たちが多くてかなり難易度の高い仕事内容なのだろうという曖昧なイメージしかありませんでした。

大学時代に立てた目標は、海外で数年間CAとして世界を飛び回り、その後視野の広い高校の教員になるというものでした。在学中、貧困と住居問題の解決を目指して活動するハビタットサークルに所属していたこともあり、世界の開発問題に関わることに引き続き興味は持っていました。結局、大学四年生の後半に休学し、CAではなく在外公館派遣員として在シンガポール日本国大使館で二年間勤務するチャンスを得ました。

時は経ち、教育とは全く関係ない大使館の事務仕事を一年半程続けた頃、パプアニューギニアと東ティモールに出張に行く機会がありました。そこで、ポートモレスビーの中心地にて車窓から平日の昼間に街を彷徨い歩く小中学生くらいの子どもを見かけ、思わず同乗していた現地の方になぜこの時間に子どもが歩いているのかと尋ねました。その時に彼らは貧困や家庭の問題から学校に通えない子ども達であることが分かりました。その瞬間に、「教育を受けられることは当たり前ではない」という途上国の現実を視覚的に頭にぶつけられた感覚がし、表現し難い怒りがこみあげました。東ティモールでも同様の教育のアクセスに関する問題があることを知り、この一瞬の光景こそが後に教育と開発にキャリアを切り替えるきっかけとなります。

シンガポールから帰国し、大学を卒業して英語の高校教師として勤務し始めました。最初から教員を目指していたわけではなく、高い私立大学の授業料を親に払ってもらうのなら資格は必ず取得するというくらいの目標にしかすぎませんでした。しかし、大学三年次の母校での教員実習で、目の前にいる生徒の表情から良い授業をしたかそうでないかがすぐに反応として返ってくる仕事に面白さを感じ、将来の進路を思い悩む高校生に寄り添い、個々の生徒の選択した道を応援できるような教員になりたいと思うようになっていました。

実際の教員の仕事は想像したよりも大変で、担当教科以外にも部活動の指導や年間行事など抱えるタスクは多く、すぐに時間が過ぎました。家庭に問題を抱える生徒の相談にのったり、いじめが起きた時は解決に話し合いを重ねるなど体力的にも精神的にも大変な事も多かったですが、成長し卒業していく生徒を見送りながら仕事自体には非常に満足し三年が経ちました。その後受験生を担当する事になり、いわゆる大学入試で点を取ることが目標となってしまう教育に疑問を抱き始めました。その頃にあの車窓から見た平日の街を歩くパプアニューギニアの小中学生を思い出しました。

3．日本の学校現場で考えた貧困と教育

途上国の教育に関わりたい気持ちが日々増す中、調べてみると海外の大学院で修士号が必須である事は明らかだったので、契約を非常勤に切り替えて仕事と留学準備の両立ができるように時間を作りました。これが絶好のチャンスで、以前から勤務してみたいと思っていた生徒の学力や行動に課題のある公立高校を探し、午前中は国公立受験を目指す私立の進学校で、午後は公立の偏差値四〇の高校で教えることになりました。

この教師生活最後の一年が人生で一番日本の貧困や家庭環境と子どもの成長の関連について考えた年でした。午前中は国公立の入試問題の英作文や長文読解を担当し、生徒からするどい質問を受け、深い考察を重ねて英文の構成を解説する。一方で午後は教科書を持参したかの確認から始まり、授業中に抜け出す生徒がいないかハラハラし、授業中の携帯電話の使用を注意し、アルファベットのdとbの区別が難しい生徒がいたり、be動詞を正しく使える生徒がいたら嬉しくなるというクラスを教える。午前も午後も向き合っているのは同じ日本の高校生です。なぜここまで学力差が生まれるのか、どの時点で生まれるのか毎日帰り道に考えました。午後に教えていた高校ではシングルペアレントの家庭が多く、部活動をするか家計を助けるた

めにアルバイトをするかを相談しに来る子もいました。つまり一〇代の頃から機会費用を考えないといけない状況下にいるということです。放課後に部活でサッカーを二時間するなら二時間分の時給を家に持って帰りたいという状況でした。

ある日、定期試験の日に二名の生徒が欠席しました。卒業要件である試験の欠席に驚き、体調不良かと同じクラスの生徒に聞くと、万引きした商品を転売して警察へ、という内容でした。親が仕事で夜間も不在で家を出て外部の大人と接するうちにこのような犯罪に巻き込まれる現実があります。貧困はこのように学校現場から生徒を通して見える事を目の当たりにしました。日本の貧困問題は途上国とは異なる側面がありますが、子どもを守り成長をサポートするには家庭、学校、地域の連携と信頼関係が大事で子どもが学習に集中できるような環境を作り特に教育の価値を保護者に伝える必要があると思いました。たった一年間ですが、この二つの対照的な学校で勤務した事も開発と教育への興味が高まったきっかけでした。日本にも教育と子どもをとりまく問題はたくさんありますが、この先の人生は「本当に教育を受けたくても受けられない子どもに質の高い教育を届けること」を仕事にしたいと思い、開発と教育にキャリアを方向転換することにしました。

4．国際機関に備えて：大学院で感じた日本とのギャップ

教育開発学を英語で学べる大学を調べた結果、留学先は開発学で有名な大学が多いイギリスを目指しました。アメリカの修士号は二年間のコースが基本で、当時はその授業料を払える余裕はなく、一年で修士号が取得できるイギリスを選び、サセックス大学の教育開発学を専攻することに決まりました。日本でも教育開発学が学べる大学はありますが、国際機関では一部の英語以外が公用語の国を除いて仕事は全て英語になることを考えると、海外大学での修士号取得をおすすめします。講義に出る準備（リーディング）を行い、講義を聞き（リスニング）、論文執筆（ライティング）や議論（スピーキング）という英語四技能を日常的に使う事に慣れていた方がよいのと、様々な国籍、文化的背景を持った教授やクラスメートと計画し、議論し、発表するという一連の流れは国際機関で仕事を遂行する流れそのものです。また、同じ開発分野の問題解決に志とパッションを持って集まる仲間とのネットワーキングも大事で、当時のクラスメートとは卒業して一〇年以上経った今も世界中で仕事やプライベートの場面で交流が続いています。

教育開発学を学ぶとその後はどの国際機関が目指せるのか。ユニセフ、ユネスコ、世界銀行、ＯＥＣＤ等、途上国の教育に携わる機関は様々ですが、各機関が途上国に対してどのよう

な支援を主に行っているのか十分にリサーチをした方が良いでしょう。実際、修士号を取得後すぐに国際機関でスタッフとして就職できる人はあまりいないのが現実です。というのも、途上国を中心に支援を行う国際機関では、「関連分野での修士号と途上国での勤務経験二年以上」という条件が設定されていることが多いからです。また、国際機関のポジション争いは対世界の人々ですので競争が激しく、日本の就職活動とは応募書類、面接等全ての様式が異なります。国際機関のスタッフポジションの獲得がいかに難しいかは留学時代に会った国際機関職員の日本人の方に教えてもらい、まずは最初の一歩として、自分の目指す国際機関でインターンをするのが良いとアドバイスを受けました。教員と大使館勤務しか経験の無い自分を国際機関スタッフに求められる経歴に近づけていくイメージです。当時は国際機関がインターンを公募することが稀だったので、その国際機関職員の日本人の方を通してユネスコ・バンコク事務所で三か月のインターンをすることになりました。当時のインターンは無給で、親に資金を借りたのを覚えています。パリにあるユネスコ本部でのインターンの機会もありましたが、生活費を考えてバンコクにしました。

初めての国連機関でのインターンは新しい事だらけでした。学生だからといって補佐的な仕事だけではなく、レポートの執筆の担当もさせてもらえました。ユネスコの政策レポートの出版までの過程に関わることができたのは面白かったです。しかし、当時は周囲の英語を母国語とする他国のインターン生の仕事のスピードに追い付くのにも必死でした。ある日、国際会議の開催中に夕食会が開催され、インターン生も参加させてもらいました。各国の研究者や国際機関職員の方々が集まる場で、ネットワーキングをするには絶好の機会でした。そこで、アメリカ人のインターンと共に、私たちは無給だけど有益な人との繋がりだけは構築しよう！と手作りの名刺を持って色々な人に話しかけました。インターンの強みは、純粋に自分はどのような経歴で将来何を目指しているかを誰にでもアプローチできることだと思います。ほとんどの人は耳を傾けてくれましたので、「エレベーターピッチ」で短時間で自分についてのプレゼンをして回りました

インターンも終了し、しばらく経った頃、一通のメールが届きました。それはある大学の研究チームの一員として一緒に仕事をしないかという内容でした。応募もしていないのになぜ？と考えていたらまさにあの夕食会で名刺を渡して話をさせてもらった研究者のうちの一人の方からでした。私が元教員である事を覚えてくれていて、授業観察を行い二一世紀スキルがどのように授業で教えられているかを分析し、ユネスコのレポートにまとめるというタスクをお願いしたいというお話を頂きました。このように縁がどこであるかはわかりません。いつでもど

こでも自分が何に興味があり、何を目指しているかを周囲の人に話をしておくとそのうち連絡が来ることもあります。

国際機関を目指したのはユネスコ・バンコクでのインターンを行い、大学の仕事でレポートを書く仕事をしていたちょうどこの頃です。実際に国際機関の仕事に関わり、様々な国籍の優秀な職員の方々と途上国の教育の質の向上のためにまた働きたいと思っていました。やはり「実際に」自分が国際機関で仕事をしたという点がモチベーションに繋がりました。それ以降は熱心にＪＰＯの準備を始めることになります。

5.「教育」を軸にＪＰＯに挑戦

ＪＰＯの応募資格である「専門分野における二年以上の勤務経験」を得るために途上国の教育に関わることのできる様々なポジションに応募しましたが簡単にはいきませんでした。そんな中で応募した一回目のＪＰＯは書類も通過しませんでした。完全な経験不足だったと思います。その間は応募しながらも日本国内で教育委員会や大学で教育関係の仕事をしてつなぎました。友人もいない土地で大学の教育コーディネーターをしていた時は、国際会議のアレンジなど開発と教育に直接関係の無い仕事をしていると自覚があったので、本当にこれで国際機関就職へ繋がるのか不安になり途方にくれることもありました。待遇だけ考えたらそれよりも良い仕事はいくつかありましたが、ＪＰＯに応募するための専門性を高めるためにも「教育」の軸は曲げずに通しました。しばらくして、カンボジアの日本大使館で草の根委職員として働く機会を得て、二年間の教育プロジェクトを担当しました。カンボジア国内の多くの学校を訪問し、地域の人々と教育の価値について話す機会があったのは本当に恵まれていました。校長先生のリーダーシップが強く、先生のモチベーションが高い学校は地域の人々の学習活動に対する理解と協力が大きいことを感じました。やはり家庭、学校、地域の三角形は重要だと実感した二年間でした。

　カンボジア時代には仕事をしながらも国際機関やＮＧＯの方々などネットワーキングを大切にしました。ユニセフの現役のＪＰＯの方を紹介してもらえる事となり、実際の仕事について話を聞くこともできました。また、英語の教科書の作成支援をしているＮＧＯにボランティアで良いので関わらせて下さいとお願いし、教科書編集チームに加えてもらいました。国の教科書がどのような過程で作られていくかを実際に見るのはとても面白かったです。このボランティアの話は普段会う方々に話していたこともあり、これがきっかけでカンボジアの世界銀行で中等教育の質の評価に関わる短期コンサルタントの仕事に繋がりました。その翌年、三度目のＪＰＯ試験に年齢制限最後の年に合格しました。そしてユニセフ・ラオス事務所に勤務が決まりました。

後で振り返ると、この人は途上国で生活も簡単ではない中、様々な国籍の人々と専門性を活かして英語で仕事をするという国際機関に送っても大丈夫かな、というのがすごく見られていたと思っています。最初の二年は国際機関で働くための準備が足りなかったのだと思います。ＪＰＯ試験に挑戦した三年間はとにかく途上国で教育に関わる仕事かつできるだけ多国籍の環境で仕事ができるような機会を求めていました。日本人に囲まれた職場では国際機関で働く目標が遠い気がして、できるだけ様々な国籍の人そして国際機関職員の方々と繋がる努力をしていたと思います。実際に三回目の面接の際に、二年目と比べてどのような努力をしたかを聞かれ、意外な質問でしたがすぐに答えられました。

カンボジアでは学校建設、教科書作成等に関わってきましたが、現場の先生方と話して現実を知れば知るほど教育問題は教育だけで解決できる問題では無いということを身をもって学びました。その点が教育、保健、水と衛生、子どもの保護等分野横断的に支援をするユニセフで働きたかった理由の一つです。子どもが学校に来ることのできない理由は栄養失調による体調不良や衛生的なトイレや手洗い場が無い事等にある、という話はみなさんも聞いたことがあると思います。現実を先生や保護者の方から聞くうちに、学校建設支援で環境だけを整えても子どもが学校に来られるとは限らないということを知りました。また、カリキュラムを教えるのに必死であったり、異なる学習レベルの子どもたちをどのように同時に教えるか等、先生の悩みはどこの国でも似ている部分もあります。

ＪＰＯに合格してから実際に赴任するまでの半年間は地元の小学校で学習支援員（学習の支援が必要な児童の横に座って学習の補助をしたり、体育や家庭科などでは一緒に作品を作るのを手伝うといった内容の仕事）として勤務しました。中学・高校は教員免許を持っていて教えた事もあるのですが、小学校では勤務経験が無いため、先生方の児童への接し方などを学ぶためにも半年間勤務しました。一〇分休憩で次の教科の準備をし、短時間で給食を食べて休み時間は子ども達と走り回るという目が回りそうな毎日をこなす先生方を見て本当に尊敬しました。高校の現場では全くわからない小学校の現場を見て本当に驚きの毎日でした。しかし、この半年間で障がいを持つ子ども達と接する中で回りのクラスメートの理解をどのように深めるか、障がいを持っている子もそうでない子も一緒に学習に取り組める工夫などを学びました。これも今担当しているインクルーシブ教育支援の仕事につながっています。繰り返しになりますが、一つの分野（私の場合は教育）は固定して、その中で様々な経験をするとよいと思います。

6. ユニセフ・ラオスの経験：現場仕事の難しさとやりがい

初めての国連勤務に緊張しながら渡航しました。ＪＰＯとしてラオスに赴任して約三か月後に南部の州で大雨によるダムの決壊と原因をする洪水が起こりました。あっという間に緊急支援体制となり、周りの同僚が続々と被災地へ向かう中、まだ新人で仕事を学ぶ段階の私は無力でやるせない気持ちになったのを覚えています。ユニセフは政府の要請があってから二四時間に被災地に最初のチームを送りました。冠水する道路を走り現場へ向かい、十分な食料が無い中早朝から夜まで働く同僚たちの体験を聞き、ユニセフの仕事を本当に誇りに思いました。自分は復興の段階で全力を尽くそうと誓いました。

その後日本政府から四年間にわたる洪水復興支援を受けることとなり、防災と教育を担当することになりました。災害への備えという概念が日本では当たり前ですが、ラオスではその概念を理解してもらうのに苦労しました。教育分野には緊急時の対応計画が無く、その作成過程にも携わりました。他に、全国学力調査も担当し、ラオスで初となる五年生と九年生の全国学力調査を実施し、また東南アジア初の六か国参加の学力調査の実施も実現しました。この際にSEAMEO（東南アジア教育大臣機構）と仕事をするのですが、前述した大学での教育国際会議コーディネーターの仕事の時に出会った東南アジア諸国の方々と再会しました。

日本では学力調査の実施は当たり前ように思うかもしれませんが、問題の作成、問題用紙の印刷、全一八州、約二三〇校への試験官の配置計画などラオスではなかなか大変な事でした。一時は自分の原付バイクに乗って教育省に通う毎日でアセスメントチームの皆さんとは本当に多くの時間を過ごし、喜びも苦労も共にしました。このように苦労して取得した教育データを今後うまく使って良い政策作りを行えるかが今後の課題だと思います。

コロナ禍もラオスで過ごしました。在宅勤務が約一年間続きましたが、その中でもチームワークを維持できればと週に一回の三〇分程のオンラインコーヒータイムを企画しました。仕事の話ではなく、在宅勤務中はどのように健康を維持しているか、オンラインで食材を買うにはどこが良いか等、実用的な情報交換の場にもなり、同僚たちに感謝されました。他にも同僚の誕生日を祝う、送別会を行う等を率先して行いました。このような職場での仕事以外のリーダーシップもとても大切だと思いました。また、仕事を通してプライベートでも国連職員の人たちと繋がりやすく、組織は違っても同じ開発分野で働く人たちと様々な事を語りあい、また日本人の国連職員で集まったりと自然とコミュニティには同じ業界の人が集まりました。

研究の仕事はエビデンスを作り出して教育の問題解決を目指す面白さがありますが、個人的には現場で先生や教育省の方々と直接話し合いを重ねて問題解決を目指すという方にやりがいを感じました。ユニセフの仕事は教育分野以外の専門家たちと協力して子どもの権利を守り実現する点が面白く、日々学びの連続で多角的な視点を持つことができ現場にも行く事ができます。

ラオス北部の県でユニセフの同僚と就学前教育の授業を見学している様子（2020）

7. 女性としてのキャリア形成

この点に関しては、女性だけでなく家族がいたら真剣に考えないといけないと思います。女性は出産を希望しているならばその時期が決まっている事がハードルになることもあります。一方で、この点以外は「女性だから○○が難しい」と意識することは無いですね。国連で働く女性はパワフルな人が多く、六か月の赤ちゃんとナニーさん（ベビーシッター）を連れて途上国の海外出張へ出かけたりします。先日はスペイン人の同僚が赤ちゃんを連れてソロモン諸島に一週間の出張へ行きました。未就学年齢のうちは良いのですが、やはり初等教育を受ける年齢になると日本人の職員であれば日本に子どもと父親が残り、母が国連勤務で海外に。というパターンもありましたし、赴任国のインターナショナルスクールに通わせて家族一緒に住むパターンも見ました。

また、JPO時代に出産する女性が本当に多かったです。ユニセフは他の国際機関より産休・育休が長いため待遇的にも恵まれていると思います。空席応募においても、シングルのうちはnon-family duty stationという家族を帯同できない赴任地でもどこでも応募しようと思えるかもしれませんが、やはり家族や子どもがいると状況は変わります。国連職員の中には母親は途上国で勤務、子どもは良い教育を受けるために出身国である先進国で父親と暮らすという形を選んだ家族がいたり、家族離れ離れは絶対に無理、自分がキャリアを妥協してでも家族全員で住める国の空席応募のみ考えるという人もいました。皆それぞれの家族の形がありますが絶対に言えるのは二、三年ごとに国単位の移動をともなう仕事は友達も恋人も夫婦も良好な関係維持に努力が必要だと思います。

8．仕事と家庭のバランスについて

仕事とプライベートのバランスという点で書きますが、私だけではなくて周りの同僚のケースも含めて言うと定期的な運動を行い、健康を維持しようとする意識が高いですね。やっぱり仕事がハードだからこそ、意識的に運動する時間をルーティンになるように取り入れている人が多いです。例えば、フィジーからトンガまで小さいプロペラ機で移動、もしくはラオスの山道を五時間かけて移動し、着いてすぐ教育省と会議を行うには、健康な体が大前提です。あとは食生活にも気を付けている人が多く、スポーツを楽しむ人がほとんどです。他に大事だと気付いたのは、自分のストレス発散方法を知ってるかどうか。どんな仕事でもストレスは溜まります。中には水泳や自転車、ダイビングなどをする人もいますが、私は日常の料理がストレス発散です。料理はどの国でもできますし、その土地の食材で工夫して作るのが楽しいです。他はテニスやヨガなど、どの国でもクラスを見つけることができます。

また、無意識に感じているストレスにも気をつける必要があります。例えば環境の変化です。近隣の島国に出張に行き、慣れない水シャワーのゲストハウスに泊まってでも教育省と明日はこれを議論するぞと念入りに準備しているうちに夜すごく眠くなるんです。やはりかなりの体力を消耗してるんだろうと思います。普段の生活でストレスがたまってきてるのを自分で気付けるようになった方がいいと思います。要は、ライフワークバランスの秘訣は、異なることを楽しめるかという要素が大きいと思います。新しい同僚と信頼関係を築く期間、異なる環境、異なる食べ物、小さいことかもしれませんが、そういうことがたまりたまってストレスになります。

9. 若い時から備えられる八つのこと

まずは国際機関で働くこと自体をゴールにしないようにしましょう。最初から国際機関と決めつけると他の開発分野で働く機関に対する興味が持てなくなる可能性があります。実際に自分がまさにそうでした。本当に国際機関を目指すのであれば、早い時点でインターンでも良いので国際機関で経験を積む事をおすすめします。国際機関への就職を例えてみると、パイロットが新人の頃は小さな航空会社で飛行距離を稼いで、それを達成すると大きな航空会社へキャリアアップするのと似ています。最初は国際機関でなくても途上国の小さいＮＧＯで経験を積んでから国際機関に挑戦するっていう。ＪＰＯの選考においても大事なのは、途上国で他国の人たちと国際機関のコンテクストで働けるかというところがかなり見られてるな、と思いましたね。

別に修士・博士コースに進まなくとも、自分の興味のある分野で有名な教授や研究者がいたら、連絡をして会いにいくのも凄く良いと思います。例えば私がもし同じようなアプローチをすると、ユニセフという看板が付いてしまっていますが、学生という立場は真っ白というか、学びたいですっていう、それでだめもとで連絡できるっていうのが強みですね。

今この本を読んでくれている方々に一番言いたいことは、「GET OUT OF YOUR COMFORT ZONE」です。自分の慣れた快適な環境から離れるという経験をしてください。日本、海外は関係なく、同じ環境に身を置くのではなくて、自ら積極的に変化の中に飛び込むような環境を作ってみましょう。さらに、多国籍、異なる価値観や働き方が違う環境に飛び込めたら最高です。その環境こそが国際機関であり、似たような環境に自分を慣れさせるという意味でコンフォートゾーンから出て挑戦し続けましょう。例えば、数年後にアメリカ人とスペイン人とインド人とフィジー人で専門分野に関してディスカッションする場面を思い浮かべましょう（まさに今日の私の会議の様子です）。

あとは厳しい環境下での仕事、ストレスマネジメントを意識する。それがルーティンになると自分の体と心を労わること。これは若いうちからやっていくといいと思います。体調の管理も本当に大事です。今は島国を飛び回ることが多いですが、例えばラオスでも地方出張は多かったです。国連の醍醐味って途上国の現地の政府の人と直接会って仕事をすることだと思います。

それから専門性は継続した方がいいです。一本軸は揺れずにしっかりと。国際機関は専門性が問われます。専門性と言うと自信が無くなる人もいると思いますが、自己分析をして少なくとも自分は何が好きで、何に興味があって、何が嫌いで、何が得意かを見つけましょう。周りの友達に流れずに「自分」に焦点を当てること。自分の好きな分野が見つけられなかったら、いろんな分野で働く社会人と会って話をするといいと思います。

あとはキャリアプランに関して、一旦国連機関に入ると、断続的な転職活動が続きます。それは現実ですのできちんと知っておいた方がいいです。常に新たなスキルや能力を学び、それを維持する努力が求められます。そこも意識した方がいいですね。変化についていく力、例えば気候変動と教育の分野の勉強も現在自分で学習中です。新たな知識が必要な点は社会人だったらどの会社も同じだとは思いますが。

ネットワーキングに関しては社交的な人の方がいいと思います。日本人は一般的に、他の国籍と比べても物静かです。しかし、日本人のどの国連機関の職員を見てても、言いたいことは言って、ノーともはっきり言います。国連は求められる能力の基準があるんですよね。例えば、どんなに小さいグループやサークルとかでも、人をまとめる経験は持った方がいいです。求められる能力の内容は応募するレベルによって違いますけど、調べると出てくる情報ですので、今からできることはたくさんあると思います。

英語力はあまり心配しなくていいと思います。日本人はすごい英語を気にしますが、要は、例えばプレゼンだったら綺麗な英語を話すよりも、説明する力の方が大事です。各国いろんな英語を話しますのでそこは全然気にしなくて良いと思います。ただ四技能のうちで一番求められるのはライティングなんですよね。レポートライティングやドナーに出すレポートとか、メール文とかもちろん書きますし。そこが苦手な人は鍛えた方がいいかもしれません。

最後に、この本を読んでいる皆さんが、少しでも国際機関での仕事とそれまでの道のりをイメージし、遠く感じる道のりをむしろ楽しめるような気持ちになってくれたら嬉しいです。

第9章　国際機関への多様な入り口
――初期キャリアの不安と期待に目を向けて――

岡本紗貴

1. ユニセフ現地事務所での国際協力

現在、私はユニセフマダガスカル事務所で勤務しています。当地に着任したのが二〇二三年の一一月で、もうすぐで一年経ちます。私のポストが今回の先輩方のリストで一番若手になりますが、国連ボランティア計画(United Nations Volunteers=UNV)枠でユニセフに派遣されています。UNVとして派遣される際、ファンド先(UNV自身の生活費を支払う組織)が複数あり、私の場合は青年海外協力隊(Japan Overseas Cooperation Volunteers=JOCV)枠で派遣されているので国際協力機構(JICA)が私の生活費を出してくれています。日本政府ファンドのプロジェクトに配属される場合、例えば外務省ファンドでUNV派遣という枠もありますが、私はJICAからユニセフに入っている形になります。JOCV枠とは、JICA海外協力隊参加経験のある、いわゆるOVのみが応募できるポストです。

では、なぜJICAが今回私を派遣したかというと、実はユニセフの国事務所の教育セクションで、習熟度別にフォーカスしたTeaching at the Right Level（TaRL）プロジェクトで子どもたちのための読み書き、計算能力向上を目指したプロジェクトがあり、そのプロジェクトでユニセフがJICAと連携しています。プロジェクトの補強という意味で、より質の高いプロジェクトを実施するために私が派遣されました。教育セクションの中でも色々ユニットがありますが、私は教育の質のユニットに配属しており、主に初等教育レベルではTaRLプロジェクトと、JICAと連携しているコミュニティ参加型（みんなの学校アプローチ）にも力を入れていて、そのコミュニティの能力強化も合わせて一緒に担当しています。基本的にはJICAとの連携であるため、ユニセフとJICAのプロジェクトがうまくいくように私が橋渡しになったり、それからテクニカルな部分だとJICAは技術支援に特化しているため、ユニセフ、教育省側からテクニカルな部分で提案が上がるとJICAに話を私が持って行き、JICA、ユニセフとどのようにプロジェクトをよくできるのかを、議論しています。そのため主には教育の質のプロジェクトのモニタリングであったり、他にはもともと私がリサーチ畑にいたため、他の国が同じようなプロジェクトを実施していた場合、それをリサーチしてどういったところや他国のいい事例がユニセフマダガスカル事務所で取り入れられるかということも調べ、チームに提案をしています。

2. 国際公務員を目指す原点

国際公務員を目指したきっかけは、もともと私が広島県出身で、さらに幼稚園の頃から長きに渡って平和教育を受けてきたため、こうした幼少期からの平和教育がきっ

ミッション帰りにてマダガスカル事務所同僚と

かけだと思います。その後、実際に世界の紛争や戦争がなくならないのは何故なのか、自分でも意識的に考えるようになった時に、やはり根本的な問題は貧困が原因なのではないかと考えることがありました。さらに貧困をなくすために私たちができることは何なのかを考えた際、偶々大学生の時に学生団体が主催するカンボジアやベトナムへのスタディーツアーに参加しました。そこで、貧困をなくすためには教育が重要なのではないかと考えるようになり、まず教育について勉強し、知識を身に付けたい思い、学部三年次頃より大学院進学を意識し始めました。

教育協力の講義を展開している大学院を調べていく中で、神戸大学大学院国際協力研究科が目に留まりました。同大学院では小川啓一教授が国際協力に力を入れているということに加え、卒業生を国際機関に送り、教育協力の分野で活躍する先輩方がいることを知り、同大学院への進学を決めました。その後はいろいろNGOなども調べていましたが、子どもに焦点を当てて支援しているユニセフでいつか働きたいという思いが強く、ユニセフで教育支援がしたいと、この道を目指しました。今はまだスタッフではありませんが、この契約が終わったら正規のポストに応募して、ポストを取れるようになることが今の目標です。

3. 青年海外協力隊への挑戦

大学院修士課程修了後は、例えば国際NGOや国際公務員の仕事に直接関係のある職に就けたらと想定していましたが、それは非現実的で難しいと感じていました。また、博士課程まで行く余力もなく、修士課程も両親にお金を出してもらいながらプラスアルファで学ばせてもらっていたため、国際公務員の道を目指す前に社会人経験を日本で積んで、一般常識をつけた方がいいのではないかと思い、一般企業での就職の道を選んだという経緯があります。一方で就職活動をする中、他の大学院の同期も言っていましたが、国際公務員になることを現時点で最終目標にするのであれば、CVでもストーリーを作るのがカギとなるので、なるべく私たちが大学院で経験してきたことから離れるのは良くないのではということも考えていました。

もともと私はフィールドに出るのが好きで、企画立案をすることも好きだったため、リサーチ力と企画力を活かした仕事はないのだろうかと思ったところ、運良くマーケティングリサーチの会社に拾ってもらいました。三年は絶対頑張って働いて、言い方が良くありませんが、耐えてその会社で働いていました。その後社会人三年目の時に、ある先輩に進路相談をしました。今後のキャリアチェンジについて相談したところ、ずっと避けていた協力隊を勧められました。

協力隊にて二年間現場経験を積み、そこからJunior Professional Officer（JPO）合格を目指して経験積んでいくのがいいというアドバイスを貰いました。ただ私自身、協力隊に応募するまでは協力隊の選択肢は考えていませんでした。というのも、アフリカのコミュニティで二年間も生活できる自信があまりありませんでした。そのような理由から協力隊への応募は避けていたのですが、国際公務員や開発経験者が集まる会に参加すると、皆口を揃えて協力隊がまず国際協力の一歩であると言われたこともあり、勇気を出して応募したことがきっかけです。その後、協力隊としては西アフリカのベナンに二年間派遣されました。

実は、もともと修士課程で神戸大学に入学した際も、アフリカ地域の研究は希望しておらず、カンボジアの教育をテーマに研究をしたいと考えていました。ゼミの初日で研究計画を作成する時に、カンボジアの初等教育についてテーマを当時の指導教員である小川啓一先生に提出したところ、アフリカのウガンダでの研究を勧められました。その背景には、小川先生がウガンダ教育省の職員とコネクションを有していたため、省庁でインターンシップが経験できること、現地でデータが取得しやすいためでした。それがきっかけで、ウガンダに且つアフリカに初めて訪れたことから、それ以降、おそらくアフリカの人間になってしまったのではと思います。

それから協力隊も実のところアフリカは避けたく、第一希望はフィジーにしていました。第二希望をマダガスカルとしていたのですが、職種はコミュニティ開発で出していて、面接の際に専門員の先生に両国とも人気なので、合格の可能性は低いと言われました。それに対して、私はどの国に派遣されたとしても協力隊に参加しますと意思を伝えたところ、合格通知を貰いました。派遣先はやはりアフリカで、それもベナンという国でした。恥ずかしながら、ベナンという国を把握しておらず、調べてみたところ西アフリカでした。

ここで少し協力隊の一般的な話をするのですが、恐らく協力隊もいろいろあり、元々語学に堪能な人は英語以外の国に飛ばされる確率が高いという話があります。また、健康優良児はアフリカに絶対飛ばされるという噂もあると聞いたことがあります（あくまで噂です）。もちろん最終的にはその人の適正能力を基にＪＩＣＡ側が派遣先を決定しますが、いずれにしても健康に産んでくれた親には感謝しています。

4．協力隊後のキャリア転身

協力隊としてベナンに派遣された時期は、二〇一八年一〇月から二〇二〇年一〇月まででしたが、途中コロナのパンデミックにより二〇二〇年三月に日本への緊急帰国となりました。協力隊では、コミュニティ開発隊員として派遣されました。コミュニティ開発隊員はいろいろある職種の中でも割と何でも屋と言われていて、本当に自分で町や村を巡回し、開拓して課題を見つけ、自分が住民とできることを配属先に提案して活動を実施するスタイルです。私もなんでも屋の隊員であったことに加え、教育分野で経験を積みたいと希望していたため、幼稚園に赴いて幼児教育に関わりながら、識字教育の運営管理も担当していました。

コロナで半年残して帰国になり、そのまま任期は満了までは契約をつないでくれていましたが、協力隊任期満了後の進路がまだ決まっていなかったため、しばらく彷徨っていました。幸いにも大学院の先輩が運営しているＮＧＯでインターンの機会を頂き、オンライン教材の作成の仕事をしていました。具体的には、簡単な算数ドリルや文字の読み書きの教育教材を作成して、それをプロジェクト対象国に届けるということを担当していました。

協力隊の任期が満了し、秋ぐらいに就活を始めましたが、当初は全滅でした。受けたところが全然受からず、ＪＩＣＡの公募も不合格で、希望だったＮＧＯも不採用で、どうしようかとしばらく悩んでいました。そんな中、協力隊帰国後の進路サポートをして下さるカウンセラーサービスが各地域にあることを初めて知り、すぐさまアポイントを取り、中国地方に配置されているカウンセラーに進路に関して相談をしました。

カウンセリングの際、現時点でのキャリアの目標は国際公務員になること、それに向けてこれからキャリアを歩んでいきたい旨を相談しました。いろいろポストをＪＩＣＡパートナーで見つけるたびに、ピンとくるものは履歴書を書いてカウンセラーさんに添削してもらい、提出していました。しばらくカウンセラーさんと二人三脚で就活をしていくと、徐々に面接に呼ばれるようになり、最終的に内定を頂いたのが国際ＮＧＯの東京オフィス、プロジェクトオフィサーのポストが二つと、ＪＩＣＡのガーナの企画調査員のポストでした。一番教育協力でやりたいことに近かったのが、ガーナの企画調査員のポストであったため、内定を受諾しました。しかしながら、ガーナの企画調査員は内定が出てから実際の派遣まで半年ぐらい時間がかかるため、派遣までの空白期間も時間を上手く有効活用したいと考えていました。たまたまＪＩＣＡパートナーでパデコさんが教育開発部のプロジェクトアシスタントのポストを出していたことを知り、履歴書を送ったところ面接に呼んで頂き、ガーナ派遣までの期間お世話になりました。ここで気付いたこととして、就活は決まるまでが大変ですが、一つ内定をいただくと、次もトントン拍子で決まっていくため、実力以外にご縁と運も大切だなと実感しました。パデコさんではアシスタントでしたが、プロポーザルの内容添削や、実際にレポート作成も担当させていただき、プロジェクトの打ち合わせにも入れていただいたため、ＪＩＣＡに入る前の下積みが十分できたのではと思います。

5．女性としてのライフワークバランスの難しさ

今の私の課題はライフワークバランスで、どうすればいいのかとずっと今でも考えているところです。例えば私がＪＩＣＡに入った時、ＪＩＣＡは職員と企画調査員で成り立っていますが、男性社員は割と結婚して家族を連れて在外事務所に来ている人が多い印象でした。一方、女性の先輩企画調査員やベテランの方々でも、五〇代で独身という方も多数いました。ＪＩＣＡ内でもやはり女性がこうした国際協力のキャリアを積む上でのライフワークバランスの難しさについて話題になっていた記憶が鮮明に残っています。一方私の現状として、そもそもプライベートとキャリアの構築でうまくバランスが取れているロールモデルとなるような人がまだいない点が挙げられます。もちろん私もいつかは家族が欲しいという思いもあるため、諦めたくないことに変わりはないです。

ただ今いるマダガスカルのオフィスでは、幼い子どもをオフィスに連れて来たりするスタッフもいます。それに対してオフィスはウェルカムであるため、今いる環境がプライベートの優

先が難しいかと言われるとそうでもないかと思います。むしろいろいろ周りにライフワークバランスの取り方等を相談できるスタッフもいるのは、ありがたい環境であると感じています。いずれにしても日々自分の中で公私ともにどのようにバランスを取りながら夢を実現していくのか、日々自問自答しています。

国際協力の現場で大切なことは、精神的に強くなることだと思います。私が精神的に強くなったのは、協力隊として現地で約一年半過ごしたことが大きいかなと思います。ただ、私の経験からすると、小川ゼミ生になれば自然にタフになるのかなとも思います。女性男性関わらず私の同期も精神的に強く、小川先生の素晴らしいご指導を通じて、めげない精神で二年間の修士課程を乗り越えたため、それがきっかけで精神的に強くなったのもあると思います。もちろん体力、精神的にいくら強いと言っても、国際協力の現場では環境や文化や言語が異なるため、ベナンにしてもガーナにしてもマダガスカルにしても、割と精神的に波はあります。そういう時は無理やり友達に時間を作ってもらい、長電話をして日本語のシャワーを浴びたり、話を聞いてもらったり、友達と遊びに行ったりしています。それから運動をすることも心がけています。

ガーナではかなりの頻度で体調を崩してしまい、短期で入院した経験もあるため、それ以降はセルフケアに気をつけています。例えば自炊をすることを心がけたりとか、あと早寝早起きを意識したり、基本的な健康づくりをマダガスカルに来てから特に意識しています。それでもやはり月一ぐらいの頻度で、腹痛等により体調を崩すことは未だにあります。恐らく水が合わないのだろうと思いますが、何とか自分なりに今でも乗り越えています。

6. これから国際公務員を目指す方へ

これから国際公務員を目指す方へのアドバイスとして、まず言語学習を強くお勧めしたいです。私も全然

ガーナ教育省でお世話になったカウンターパートと

フランス語が思うように喋れず、ようやく環境に慣れてきたところではありますが、私自身の経験からフランス語は勉強して損はないかなと思います。最近のアフリカ情勢を見ても、西アフリカは政情が不安定なことも多いため、当然支援が必要であるし、英語圏と比べると開発も遅れているので、まだまだ支援が必要になってくるのかなと思います。イギリス人スタッフの方にマダガスカルに来て言われましたが、英語圏になると国連のポストはよりコンペティティブでフランス語圏はフランス語話者がまだまだ少ないので、インターナショナルスタッフになるのもニーズがあると、ユニセフ内部の同僚からも聞きました。そのため、語学は勉強して絶対無駄ではないと思います。

たとえ希望していなかった国でも、協力隊として費用ゼロで語学訓練を受けさせてもらい、二年間フランス語圏で活動できたというのは今となってはありがたかった、貴重な経験と実感しています。ただフランス語圏で働くと言えども、ユニセフ内部でも英語は必須であると思います。例えばプロジェクトでは日本政府や他の国の政府、レゴなど財団からの資金調達も必要になってきます。そのためのプロポーザル作成や、報告書は基本英語です。なので英語は絶対必要になってきます。フランス語圏出身のスタッフを見ると、例えば西アフリカの国から来るインターナショナルスタッフの英語力は限定的で、ましてやナショナルスタッフも英語はあまり得意でない人が多いため、英語話者は重宝されたりもします。バランスを取るのが難しいですが、いずれにしても言語は継続して勉強した方が絶対に将来のプラスになると思います。ただ私も全然バランスが取れておらず、英語とフランス語の切り替えはまだうまくできていません。

次に、先輩方に積極的に連絡をしてどういうキャリアを歩まれてきたかという話を聞くのも一つなのではないかと思います。国際公務員を目指すにあたってインターンからいきなり入るというのも一つだと思いますが、地道にコツコツと一つ一つキャリアを歩んできた身からすると、日本国内の一般企業で働くことも確かに遠回りかもしれないですけど、無駄な経験ではなかったと思います。

それから、国連職員になるステップとしてＪＰＯが若手の登竜門とされていますが、ＪＰＯにのみ集中するのでなく、国連への入り口も様々なのでその点も自身で探ってみるのもいいのではないかと思います。私がその一例ですが、色々なオプションから選択をして考えないといけない中で、協力隊からスタートを切るのも一つですし、私の場合国連に入れたのも協力隊経験があるから、ＵＮＶに応募できたという経緯もあります。国連への入り口は様々あるというのはこれから国際公務員を目指す方々にも知ってほしいと思います。ＵＮＶの場合はいろいろ枠があり、ＵＮＶユースやスペシャリスト、エキスパートなどいろいろレベルがあります。新卒の年齢だとユースで応募できるポストもあるため、早いうちからＵＮＶのアカウントを作り、ＣＶの登録をお勧めします。ＵＮホスト機関とマッチした場合は、ＵＮ機関からオファーが入ったりするので、経験を積むうえでもＵＮＶも国連キャリアの一歩として考えてみてください。

この業界では、将来が約束されていないため不安ですが、目標に向けて頑張っていたら必ず道は開けると思います。私も次の目標はインターナショナルスタッフになることで、諦めず頑張るのでこれから目指す方にも色々な方法を探りながら目標に向かって頑張ってほしいなと思います。

最後に、私の尊敬する小川ゼミの先輩に言われたことがあるのですが、三〇代のうちはいくらインターナショナルスタッフとして国際協力業界に入ったとしても、学ぶ立場であるから現場へのリスペクトを忘れないことと言われて、それだけは今でも意識しています。マダガスカルは特にですが、省庁とのミーティング等どうしても現地語での実施になることが多く、ナショナルスタッフに通訳してもらうことになります。情報を教えてくれるのはナショナルスタッフなので、特に関係構築にも気を付けています。ＪＩＣＡにいた際も同様で、ガーナは英語ですが、省庁と仕事をする際のカウンターパートとなるのは上級レベルの次官や大臣の方々になります。目上の方に敬語を使うのは絶対ですし、彼らありきで仕事ができているため、リスペクトして彼らの懐をつかめるように話をしたりするということを心がけていました。現地から学ぶ姿勢を忘れないというのは大切だと思います。

後悔のないよう、夢に向かって頑張ってください。応援しています。

第10章　成果主義の世界銀行で働くということ

――日本人の強みを活かし、組織に貢献する――

荘所真理

1．現在の仕事の内容

現在は世界銀行本部のアフリカ局で、担当国の教育政策の支援や教育プロジェクトの形成及び実施の支援、研究などに従事しています。世界銀行には二〇〇九年に入行したのですが、アフリカ局に異動したのは二〇一九年からで、最初はシエラレオネ在住でシエラレオネやサントメ・プリンシペを担当していました。現在は本部のあるワシントンDCに戻り、タンザニアとスーダンを担当しています。具体的には、途上国政府(財務省や教育省)と協力して、その国の状況やニーズに応じた財政支援と技術支援を行っています。例えば、支援国Aの基礎教育がまだ不十分でアクセスや質を向上させる必要があるのであれば、基礎教育を重点的に支援しています。また、高等教育の拡大が課題なのであれば、高等教育を支援する政策への助言や教育計画のアドバイスを政府に対し行っています。また、研究にも力をいれているので、ある国の教育政策の現状と課題を多角的に分析する教育セクターアセスメント、どのような教育支援が実際生徒の学力向上に結び付いているのかといった実証分析、インパクト評価、ケーススタディなどの調査結果も積極的に発信しています。

世界銀行(教育部門)の最も大きな役割は、途上国政府に無償または有償で資金を提供し、その資金をもとに政府(例えば教育省)と一緒に教育プロジェクトを作り上げていくことです。プロジェクト準備段階では、その国の教育セクターの現状分析、ニーズ分析を行います。それを基に、政府や教育関係者とどのような国造りをしていきたいか、どの分野に力を入れていくべきかについて議論やコンサルテーションを行い、プロジェクトを作り上げていきます。シエラレオネは、アフリカ地域の中でも最貧国のひとつで、初等教育無償化政策導入のお陰で初等教育の就学率はここ一〇年で飛躍的に伸びましたが、まだまだ教室の数も教科書も足りません。また、教員の質も問題です。また、女子、農村地域や貧困家庭出身の子ども達の就学率向上も課題です。こういった課題を解決するために五年間で五千万ドルの予算を付けた基礎教育プロジェクトを政府と立ち上げました。また、若者の人材育成・雇用促進を目的として技術教育・職業訓練校を支援する二千万ドルのプロジェクトも実施しています。実際にプロジェクトを実施しているのは教育省、地方教育事務所ですが、世界銀行は、その国のデータだけでなく、グローバルに集めた成功例なども考慮し、どうやって教員研修の質を高めるのか、どうやって女子教育の支援するのかなどのアドバイスを行っています。

世界銀行は、家計調査、学力調査、学校センサスの実施や分析の支援をすることもあります。また、プロジェクトの効果を図るためにインパクト評価等の研究を行うこ

シエラレオネの小学校訪問

とも多いです。そのため、スタッフは同時に複数のプロジェクトや研究を行っています。仕事の時間でいうと六割くらいの時間をプロジェクトや教育政策の支援、モニタリングに使っていて、残り四割は、教育政策の分析、研究論文、特定のトピックに関するレポートを書いたりしています。私は教育プロジェクトや研究の中でチームリーダーをしています。例えば教育のプロジェクトだと、チームリーダーの下に、数人の教育スペシャリスト、教育エコノミスト、それに加え、教育以外の要素をモニタリングするスペシャリスト（プロキュアメント、リーガル、財政運営、環境、社会開発、ジェンダー等）がいて彼らと協力し合いながら仕事をしています。

世界銀行は、ワシントンDCにある本部の他に、世界約一三〇ヶ所にカントリーオフィスがあります。教育部門は、スタッフの四割くらいが本部ベースで、六割ほどがカントリーオフィスベースです。世界銀行はナレッジ（知識）バンクの役割もあり、完全にカントリーオフィスだけにスタッフを配置するのではなく、知識を共有したり、グローバルなイニシアチブをとったりするスタッフを本部にも置いています。私は以前シエラレオネ事務所にいましたが、現在は、本部のあるワシントンDCからタンザニアとスーダンを担当しています。基本的に仕事内容は同じですが、以前はどっぷりカントリーオフィスにいたので、今度は本部に戻ってそこから仕事をすることを希望しました。数年後にはカントリーオフィスベースに戻ろうかなと考えているところです。

2．国際公務員を目指したきっかけ

私のキャリアは一貫性がなくて、お手本になるようなキャリアを築いてきたとは思っていません。高校生の頃から語学や海外に興味があり、一浪して大阪外国語大学（今の大阪大学外国語学部）に入りました。英語以外にもう一言語やるのも面白いんじゃないかという予備校の先生のアドバイスもありポルトガル語を専攻しました。大学在学中はアルバイトでお金を貯めて、バックパッカーとして友人と、もしくは一人で世界各国を旅して周りました。また、一年休学してロータリー財団の奨学金をもらってブラジルに留学もしました。私は裕福な家でホームステイをさせてもらっていましたが、通いで来ているお手伝いさんは近くのファベーラ（貧困層が多く住むスラム街）出身で、学校へ行ったことがなく読み書きができませんでした。外を歩けばストリートチルドレンが多く路上で生活している。なぜこんなに貧富の差があるのか、そこから貧困のメカニズムや開発経済に興味を持ちました。ちょうど大学にラテンアメリカ経済を教えに来られていた神戸大学の教授に神戸大学大学院国際協力研究科（ＧＳＩＣＳ）を勧めていただき大学院に進学することにしました。

大学院では経済学を中心に開発の勉強をしました。修士課程一年の夏休みにＪＩＣＡのブラジル事務所でインターンをすることができました。開発系の仕事に就くことを目標にしていましたが、残念ながら就職活動はうまくいかず、内定をいただくことはできませんでした。海外展開する民間企業から内定をいただきましたが、同時に地元兵庫県の教員採用試験にも受かったので、兵庫県に残ったまま博士課程で開発の勉強と両立できるのではないかという淡い期待を抱きながら公立中学校の教師になる道を選びました。また、その頃にＧＳＩＣＳで小川啓一教授に出会ったというのも大きかったと思います。教授のキャリアセミナーに参加して、キャリア相談をさせていただいて、職歴と関連付けて教育開発を専門にしていきたいと相談させていただきました。

教員生活は想像以上にハードでほとんど研究はできませんでした。ある時、研究課題を他大学との合同セミナーで発表したときに、先生方にダメ出しされて「これではだめだ。もっと研究に専念しなければ」と思い一旦教員をストップして、フルタイムの学生に戻ることに決めました。そこからは、必死に研究やフィールド経験を積む努力を重ねました。小川教授のマラウイやエジプトでの調査研究に参加したり、開発コンサルタントをされている大学院の先輩からの紹介で、ＪＩＣＡのガーナ教員研修プロジェクトに業務調整員の下っ端として携わる機会もいただきました。

博士論文はＧＳＩＣＳと研究交流のあるマラウイにしました。博士論文の筋書きが決まった時に小川教授が主催するスタディツアーの一貫としてアメリカの国際学会で研究発表を行いました。そこで小川教授からＥＦＡ‐ＦＴＩ事務局（現在のGlobal Partnership for Education）の代表をしていた人を紹介していだき、日本帰国後インターンをさせてほしいとメールを送ったところ受け入れの連絡をいただきました。博士論文を出した後、最終口頭試験までの一・五ヶ月間ワシントンＤＣでインターンを行いました（当時ＥＦＡ‐ＦＴＩ事務局は世界銀行のビルの中にありました）。正規のインターンシップではなかったので、世界銀行から資金提供があるわけではなく、飛行機代と滞在費を自分で負担しながらのインターンでした。受け入れくれた上司が私の研究内容や興味がある分野のヒアリングをしてくれて、ちょうど博士論文でとりあげていた、教育の地方分権化や初等教育無償化の各国比較がインターンのテーマとなり、一ヵ月半の間に一本論文を書きスタッフの前で研究成果のプレゼンテーションを行いました。また、就職活動も兼ねていたので時間を見つけてはいろいろな人にアポイントをとってキャリアステップの相談にのってもらったり、就職活動を行ったりしました。インターン終了間近に、私が就職活動をしていることを知った職員からメールをもらいコンサルタントとして働かないかと打診していただけました。その時は日本人職員を増やす目的で財務省が日本人採用の際には費用を負担する制度がありました。そのお陰もあり、世界銀行でのキャリアがスタートしました。

今思い返すと、学部生の頃は、自分が将来何をしたいか、どんな職業に就きたいかといった明確なキャリアの目標を持っていませんでしたし、国連といった国際機関に憧れはあったものの、自分にほど遠いものだと思っていました。大学四年生のときに、就職資料室で国連職員のページを開いたときに、アート・言語系は対象外、修士号が必須と書かれていて、ショックを受けたのを覚えています。そういうことすら知らなかったんですね。でも素晴らしい先生方に出会う機会があり、引っ張っていただいて、GSICSで学ぶことができました。また、GSICSで小川教授に出会いその後教育開発の分野で指導していただいたことも有難い経験だったと思っています。

3. 世界銀行におけるキャリア

博士課程修了間近に、当時世界銀行の中にあったEFA‐FTI事務局でインターンをしたのがきっかけでコンサルタントの仕事をいただき、世界銀行でのキャリアがスタートしたのは先にお話ししたとおりです。同じ時期にユニセフやＪＩＣＡジュニア専門員のポジションにも応募しましたが、だめでした。

世界銀行での最初のコンサルタント契約は人間開発局というところで、研究ばかりをやっているユニットでした。最初の契約は確か四〇日ほどのとても短いものでした。その期間でグローバルな調査のデータ分析を行って分析結果の論文を書くというような業務内容だったと思います。短期間に業務をこなし、何かしらの結果を残さなければならないプレッシャーのかかる状況でしたが、なんとか頑張って論文を書き上げました。その甲斐あって、更に六〇日の契約をもらうことができました。

こういったアサインメントベースの短期のコンサルタントを一年くらい続けていましたが、今度は地域局で世界銀行の教育プロジェクトに関わりたいと思い、南アジア局に異動しました。そこで素晴らしい上司に恵まれ、彼の下でスリランカ、モルディブ、アフガニスタン、インド、ネパールの教育プロジェクトや研究に関わることができました。上司や同僚のサポートもあり、南アジア局にいたときにコンサルタントから正規スタッフになることができました。また同じ南アジア局で昇格し、シニアの上級専門官になることができました。

スリランカにて保育園視察の様子

南アジア局での仕事はとても面白かったのですが、今度は別の地域のカントリーオフィスで仕事をしてみたいと思うようになりました。当時西アフリカ地域のマネージャーであり、南アジア局で一緒に仕事をしたことのある元同僚であった人が、私がカントリーオフィスベースの仕事を探しているというのを聞いて、ぜひシエラレオネのポジションに応募しないかと声をかけてくれました。そういった人の縁がきっかけでシエラレオネには二〇一九年から二〇二三年まで四年半滞在しました。去年ワシントンDCに戻ってきて、今は東アフリカ地域をカバーするユニットに所属しています。

4．女性としてのキャリア形成

女性は出産などでキャリアの中断を余儀なくされることもあるので、キャリア形成に苦労している人は男性より多いのかもしれません。また、一般的に、男性の方が自己肯定感が高く、交渉がうまく、昇格、昇給しやすい傾向があるといわれています。さらに、開発の世界はキャリアが安定するまでに時間がかかります。例えば、世界銀行の正規職員の平均年齢は四〇代です。若手はコンサルタントからスタートする場合が多いです（私もそのひとり）。コンサルタントは短期契約なので長期的なビジョンを持つことが難しいです。大事なのは、こういったチャレンジがあることを理解し、意識して女性としてのキャリア形成をしていくことだと思います。

世界銀行は、女性の職場環境を改善する取り組みを積極的に実施しています。例えば、不妊治療が保険でカバーされたり、男女とも産休制度も充実しています。また、女性の管理職比率を向上する取り組み、女性だけを対象にしたキャリアセミナーも実施しています。

5．仕事と家庭のバランスについて

ワークライフバランスは、私は今でも苦労しています。若手の頃やコロナ以前は年間一二〇日ぐらい担当国に出張に行っていました。また、繁忙期や出張中は、夜遅くまで仕事をすることもあります。常に複数のプロジェクトや研究に関わっているので締切もまちまちで仕事量が非常に多くなることもあります。

しかし世界銀行のいいところは、例えば、ちゃんと結果を残していれば仕事の仕方に関しては非常にフレキシブルに対応してもらえるということです。家で仕事することも許可してもらえたり、毎日一時間余分に働いたら隔週金曜日が休みになる制度や、産休制度、家族の緊急時に帰国できる制度等、託児所が併設されていたり、職員が仕事と家庭のバランスを取りやすくなるような制度が充実しています。休暇もしっかりとれるようになっています。

仕事は定時でしっかり切り上げて帰る職員が多いです。私のフロアは六時半には空調が切れるので、それまでに帰る職員がほとんどです。しかし、繁忙期には仕事は終わらないので、家で仕事の続きをすることもあります。私は今の担当が東アフリカのスーダンやタンザニアなので、仕事の開始が朝六時や七時の時もあり、午前中家で仕事をして、午前遅い時間か午後から

シエラレオネ事務所職員みんなで週末ウォーキング

オフィスに出向くようにしています。オンラインミーティングが続いた時は、そのまま家で仕事をすることもあり、非常にフレキシブルな職場環境です。

6. 若手研究者とか国際公務員を目指す若者に向けてアドバイス

まず、学生の間は、自分の専門分野をしっかり勉強すること。世界銀行は、深い専門性に加えて、その分野の広い知識(例えば、教育開発だったら、教育に関する知識)を持っていないといけません。まずは、若い間に自分の軸となる専門分野を見つけ、知識を蓄えることが大事です。

次に、様々なことに興味を持ち、アンテナをはること。教育でも例えば女子教育、幼児教育、カリキュラム改革、教員研修支援等、様々な分野があります。すべての分野の専門家になる必要はないですが、学生の間にある程度知識を身につけておくのも大事だと思います。途上国経験も重要なので、学生時代にインターンシップやフィールド調査など積極的に行ってください。あとは、学会やセミナー、ワークショップ等、チャンスがあれば自分の研究分野を英語で発表することはとてもいい経験になると思います。若いうちは自分が国際機関で通用するのか不安に感じる人もいると思います。私の経験では、名門大学出身の人でも、ネイティブでもしっかりした論文を書けなかったり、締め切りまでに成果物を提出できない人がいることです。大学名やネイティブかどうかで仕事の能力は測れないということです。自分の専門性を磨く努力をしたならば最後は「自分はできる」と信じることです。

あとは、何事にも積極的に取り組む姿勢を持つこと。GSICS時代に小川教授からは「プロアクティブになりなさい」というアドバイスをいただき、それを養えたことはとても役に立っています。私は英語圏留学経験がなかったので、英語で話すことに関してコンプレックスがありましたが、「国際機関では、プロアクティブに質問する、意見を言う、存在感を出すことが大事」だということを知っていたので、会議などでも心がけてプロアクティブに発言するよう努めました。こういった姿勢はＧＳＩＣＳで鍛えられたと思います。

また、キャリア相談に乗ってくださった多くの方から「いい人間であれ」というアドバイスも受け、人間磨きも心がけていました。日本人は欧米の人に比べると人前で話すのがうまくないとか積極性が足りないとか一般的に言われることですが、私が世界銀行で一〇年以上働いて気が付いたのは、日本人の素晴らしさです。例えば、チームワークがうまい、相手をリスペクトしながら話せる、有言実行で仕事ができる、締め切りを守る、努力する、人間力が高いなど日本人が優れているところはいくつもあります。そういった強みをうまく活かして、日本人がもっと国際機関で活躍できるようになることを願っています。

キャリアステップには何が正解というのがないので、色々な人から経験談を聞いたりキャリア相談に乗ってもらったりすることもおすすめします。自分はこういう仕事に就きたいという明確なビジョンを早いうちに持つことが理想ですが、私みたいに迷走しながら進んでいく人もいると思います。進路の修正はその都度できるので、まずは目の前のドアを開けてみることから始めてみてください。

第11章　失敗を恐れず、扉を叩く国際機関のキャリア形成

——人類学の視点が他にない強みに——

澤本亜紀子

1．世界銀行での教育セクター業務

二〇二四年八月末から世界銀行（世銀）・ナイジェリア事務所に駐在し、教育グローバルプラクティスの西部・中央アフリカ地域の教育専門官として働いています。ナイジェリアでは、主に二つの教育セクター案件の管理をタスクチームリーダーとして主導するほか、他の教育関連セクター案件を担うタスクチームリーダー達と協働して、ナイジェリアにおける教育システムを改善し強化するための政策的助言を提供する役割を担っています。現在担当している案件は、どちらも同国における基礎教育拡充、並びに基礎学力の向上を目的としています。一つ目の案

件は、非就学児童のための公正な教育機会を拡大し、教員をはじめとする教育関係者の能力向上を図ることで、重点対象州の三州(オヨ州、アダマワ州、及びカツィナ州)における児童の識字能力の向上を目指しています。もう一つの案件は、エド州における基礎教育改革の一環として、その教授法及び学習法を改善すると同時に、若者が質の高いデジタルスキル、並びに起業家育成プログラムにアクセスする機会を拡大することを目的としています。

世銀の教育グローバルプラクティスで、教育セクター業務に初めて従事したのは、二〇一五年に遡ります。二〇一四年に博士課程を修了後、世銀のガバナンスグローバルプラクティスで、コンサルタントとして約一年間、苦情処理メカニズムや市民参加を融資案件でより効果的に運用できるよう、各国のクライアントとタスクチームを支援するユニットに所属しました。既に実施されている各セクターの案件で、実際どのように苦情処理メカニズムが導入され、市民参加を促進する方策がとられているのか、デスク調査やタスクチームへの聞き取り調査をもとに、優れた取組を紹介し、得られた教訓やさらなる改善に向けた課題をまとめた文書を作成しました。また、苦情処理メカニズムに関する主要国別の事例研究をもとに、公共サービスに関する市民からのフィードバックや苦情への対応を強化するための環境や制度づくりについて提言する報告書の作成にも携わりました。

その後、縁が繋がり、たっての希望でもあった教育セクターで、二〇一五年から約二年間、教育グローバルプラクティスの東アジア・太平洋地域にて新たなコンサルタント業務に従事しました。定性分析専門のコンサルタントとして、ベトナムにおける初等教育案件のインパクト評価の一環となる質的調査を教育訓練省と連携して実施するというもので、博士論文執筆のためのベトナムでのフィールド調査や、大学院時代に培った質的調査の経験を活かせる、またとない機会となりました。一九七〇年代半ばにコロンビアで生まれたエスクエラ・ヌエバ（「新しい学校」）という教育モデルが、特に恵まれない環境にある少数民族の子供たちを含む小学生が多く在籍するベトナムの小学校を中心に、全国的に導入されることになり、二〇一三年から二〇一六年にかけて教育のためのグローバル・パートナーシップ（GPE: Global Partnership for Education）が提供する国際基金の支援を受けて、ベトナム教育訓練省により実施されました。エスクエラ・ヌエバ型教育モデルの導入校では、教員がファシリテーターとして、児童の主体的な授業への参加を促し、二一世紀型スキルを養うと共に、保護者やその他の地域住民が子供たちの学習により積極的に関わることが期待されました。教育訓練省の関係者や各省の教育局と協力して、教員、校長、保護者らを含む教育関係者や、児童達からの聞き取り調査や、フォーカスグループ・ディスカッション、実際の授業を録画したビデオ分析をもとに定性調査を実施し、エスクエラ・ヌエバ型教育モデルの功績と残る課題の解決に必要な施策についてまとめた報告書を、定性インパクト評価を主導した上級教育専門官と共に執筆しました。

ベトナムの教育案件に係るコンサルタント業務も終わりに近づき、次の仕事を見つけるべく就職活動を再開していた最中、日本政府が支援する世銀のミッドキャリア募集に応募し、二〇一七年に教育専門官として採用され、二〇一七年から二〇二三年にかけて、東アジア・太平洋地域で多岐にわたるオペレーション並びに分析業務に従事しました。主な担当国であったモンゴルでは、小学校教育の質を改善し、児童の国語と算数の学力向上を図ることを目的とする教育融資案件を管理し、実施機関である教育科学省への支援を行いました。また、同国の二〇二二年のＯＥＣＤ生徒の学習到達度調査（PISA: Programme for International Student Assessment）への初参加に必要な能力構築支援に加えて、ＰＩＳＡの調査結果をもとに優先的政策的課題を特定し、教育改革を実現する上で必要な技術支援や政策的アドバイスを提供しました。さらに、日本社会開発基金（JSDF: Japan Social Development Fund）の支援を受けて、セーブザチルドレンが実施している、モンゴル農村部に暮らす脆弱な若者を対象に、起業家精神育成を中心とする社会情動的スキルの育成を目的とするパイロット案件の管理を主導しました。教育科学省及びセーブザチルドレンの尽力もあり、同案件のもと開発・実施された研修プログラムは、二〇二四年九月からモンゴル全土の職業・技術教育訓練（TVET: Technical and Vocational Education and Training）校で実施されています。東アジア・太平洋地域では、モンゴル、ベトナムをはじめ、フィリピン、カンボジア、そしてかつて暮らしたインドネシアの教育案件や分析業務にも携わる機会があり、大変充実した六年間を過ごすことができました。

二〇二三年からは西部・中央アフリカ地域を管轄するユニットに異動し、最初の一年間は、チャドの教育案件に携わりました。深刻な学習貧困、紛争や児童婚、強制結婚などにより女子の教育機会が欠如し、中等教育の修了が妨げられる現状、

モンゴルでのフィールド訪問中に出会った鷲使いの男性（2018年）

全国的な教員不足により、十分な教員研修も受けられず、無資格のまま教える〝先生〟たちの存在、ならびに脆弱性・紛争・暴力(FCV: Fragility, Conflict, and Violence)の影響下にある国を多く抱える西部・中央アフリカ地域における教育課題は、それまでに経験した東アジア・太平洋地域とは大きく異なるものでした。そのため、クライアント国の幅広いニーズに応え、技術協力を行うために必要な専門知識、スキル、能力をさらに向上させる必要があると実感しました。また、これらの課題に取り組み、解決に導くために必要な知識やスキルを高めるためにも、フィールド経験を積むことが重要だと感じました。周囲の方々の支援、グローバルフットプリント(業務及び意思決定の地方分権化を進めるべく、より多くの職員を現地に派遣することで、クライアントへの対応力を向上させ、信頼・協力関係の強化を目指す世銀の取り組み)の一環として導入された職員のローテーション制度を通じて、二〇二四年八月からナイジェリア事務所に赴任することになりました。今後約三年間に渡って、ナイジェリアの教育案件の管理、政策支援に関する分析業務を通じて、同国の教育セクターの優先的課題を大局的に分析し、戦略的に今後の融資や教育改革に必要な取り組みを提案する政策対話が行えるよう、さらに研鑽を積みたいと考えています。

2. 国際貢献の道を目指すようになった原点

国際貢献に関心を持つきっかけとなった原体験は、幼少期から小・中学生の時期を過ごした東南アジアでの暮らしです。父の転勤に伴い、シンガポールで過ごした幼稚園時代に続き、小学四年生から中学を卒業するまでインドネシアの首都ジャカルタで暮らしました。特に物心がついてから暮らしたインドネシアでは、現地到着後間もなく、車が信号待ちで停まっている間、自分と同じくらいの年齢の小学生の男の子が、制服を来たまま、タバコやお菓子、雑誌などでいっぱいになった箱を抱えて物売りをしている姿を初めて目にした時に受けた大きなカルチャーショックは、今でも忘れることができません。めざましい経済成長のかげで拡大する貧富の格差を目の当たりにする一方で、現地の人々との交流を通じて、世界には実に多様な価値観や文化、慣習が存在することを学びました。そして、厳しい日常の中でも笑顔を忘れずに生きるインドネシアの人々の逞しさや心の豊かさに触れた経験がきっかけとなり、異文化理解や国際協力への関心を募らせていきました。

そんな中、旧イリアン・ジャヤ(現在のインドネシア領地域にあたる、ニューギニア島の西半分に該当する)の住民が山火事による被害を受け、インドネシア政府や国内外の人々に支援・救済を訴えかける映像を視聴する機会がありました。視聴後、居ても立ってもいられなくなり、当時通っていた日本人学校の中学校の担任の先生に「何かしてあげられることはないでしょうか?」と相談した所、「あなたのその感受性を大切にしてほしい。でも、何かしてあげられないか、という一段高いところからの目線ではなく、まずは一個人としての自分に何ができるかをじっくり考えてみてほしい。すぐに答えは出ないかもしれないし、行動に移すのは大変かもしれないけれど、どんな小さなことでもいいんだよ。」と、アドバイスを受けました。当時の私は、結局すぐに答えを見出せず、行動に移すこともできなかったものの、その先生の言葉がずっと心の中に残っていました。そして、いつか将来再びインドネシアや、いわゆる「開発途上」と呼ばれる国々で生活し、現地の人々と共に働きたいという思いを強くし、国際貢献の道を目指すようになりました。

国際貢献の中でも、特に国際公務員をキャリアの選択肢の一つとして考えるようになったきっかけは、当時世銀の職員をされながら、短期間のサバティカルを取得され、慶應義塾大学で国際開発に関する講義や研究会を受け持っておられた恩師との出会いでした。研究会では、開発計画のあり方や開発と環境との関わりについて学ぶと共に、世銀が実際に支援した大型開発プロジェクトに関する報告書を読み、それぞれのプロジェクトの成否を分けた要因を考察しました。また、恩師から、世銀をキャリアパスの一つの選択肢とするならば、ジェネラリストではなく、何らかの専門性を身につけたスペシャリストとしてキャリアを築けるよう、大学院留学を含めた必要な準備をすることが大切だとのアドバイスを受けました。経済学、社会学、環境学等、様々な専攻分野を検討している中、世銀によるプロジェクト支援下で、地元住民のもつ文化や価値観に配慮した開発援助を実施する上で、重要な役割を果たす人類学者の存在を知りました。そこで、インドネシアでの生活で触れたような、多様な異文化や世界観についてより専門的に理解を深め、学びたいという思いから、人類学を専攻しようと思い立ち、大学院に進学しました。

3. 大学院留学から始まったキャリアパス

ジョージワシントン大学大学院（米国）の人類学部では「開発と人類学」という修士課程のプログラムが提供されており、人類学者の開発への関与をめぐる実態や諸問題、可能性について知識を深める一方、米国の人類学における四つの下位分野（文化人類学、自然人類学、言語人類学、考古人類学）をそれぞれ体系的に学びました。振り返ってみると、ジョージワシントン大学大学院への留学は、その後のキャリアパス形成につながる大きな第一歩になりました。当時、世銀では、ナレッジ・インターンシップ・プログラムという学部および大学院に在籍するフルタイムの学生を対象としたインターンシップ制度があり、こちらのプログラムに申請したところ、卒業前の最後の学期に、ジェンダーに関するリサーチを行っている部署で、週に一度インターンシップをする機会に恵まれました。業務内容は、主にジェンダーのモニタリング評価や、ジェンダー関連の指標及びガイドラインに係るデータや資料を収集し、当時の世銀のプロジェクト支援におけるジェンダーの主流化推進の取り組みに貢献することでした。

その後、大学院の卒業を控え、就職活動の一環でネットワーキングを始めた矢先に、業務評価局（現・独立評価局）のナレッジマネジメントを管轄しているユニットの担当者から連絡があり、フルタイムのインターンシップを打診され、卒業と同時に再びインターンとして働き始めることになりました。そして、数ヶ月のインターンシップを経て、コンサルタントとして約三年間、開発評価業務に携わりました。業務評価局では、ナレッジマネジメントチームの一員として、局幹部やセクター別評価を行う部署が評価研究を実施する際の基盤となる、先行研究の洗い出しや各種評価関連のデータの収集・まとめを行いました。また、業務評価局の創設三〇周年を祝う一連の記念行事の企画・実施にも携わり、同局の創設に伴う歴史的背景やその後の発展に係るアーカイブ調査にもとづき作成した年表が、記録集の一部として出版されました。また、理解ある上司の了承を得て、所属していたナレッジマネジメントのユニットを一時的に離れ、短期任務として、セクター別評価を行う部署で、世銀の初等教育に係るプロジェクト支援の評価分析に関わった他、社会開発部門で、先住民の支援を目的とする基金を提供する事務局に提出された申請書の審査・評価に携わる機会を得ました。

複数の部門での経験を経て、以前から関心の高かった教育開発の分野でキャリアを築くために、より専門性を身につけたいという思いが強くなったことに加えて、人類学で長期のフィールドワークを行うことへの憧れもあり、コンサルタントとして働き始めて三年が経った頃、再び大学院に戻る決心をしました。オックスフォード大学大学院（英国）で社会文化人類学の理論や研究手法を学び、修士課程を修了した後、コロンビア大学ティーチャーズ・カレッジ（米国）の博士課程で教育人類学を専攻しました。博士課程では、学校教育のみならず、家庭教育や仲間同士での知識の共有（peer education）を通じた学外での教育や社会化のプロセスが、異なる文化や地域でどのように行われているのか、人類学的観点から学びました。所属していたティーチャーズ・カレッジの人類学のプログラムは、「人類学は人間性に関する科学的研究であり、社会に役立つ学問でなければならない」という応用人類学の理念に基づいて創設され、創設当初から教鞭を執られていた、今は亡き Lambros Comitas 教授の指導のもと、夏期の短期のフィールド調査に加えて、博士論文のための長期のフィールド調査を実施しました。

短期のフィールド調査では、ユニセフ・ガーナ事務所のインターンとして働きながら、ガーナ北部の州都タマレで女子教育の現状について調査を行い、人頭補助金制度(Capitation Grant)の実情や課題、同補助金制度による女子児童の教育機会拡大への影響について、学校や政府関係者、援助関係者、宗教指導者、子ども達やその家族らに聞き取り調査やアンケートを実施しました。また、長期のフィールド調査では、ベトナムの首都ハノイに約二年間滞在しながら、出稼ぎ労働者家庭の就学問題とノンフォーマル教育の実態を中心に、参与観察や聞き取り調査を行いました。ドイモイ政策による市場経済の導入が出稼ぎ労働者の都市部への流入を加速させる一方で、ドイモイ以前から続く戸籍登録制度により、ハノイに戸籍を有する市民と同等の権利や公共サービスを享受できない出稼ぎ労働者家庭の現状を踏まえ、社会的包摂を促進する上で必要な政策的課題について検討しました。日々、出稼ぎ労働者の家族が多く居住する地区や出稼ぎ家族の子ども達が通う識字教室に通い、人々の暮らしや、家庭内での教育、出稼ぎ家族の仲間同士での交流について調査し、急速な経済発展の影で広がる都市部での出稼ぎ住民の社会的疎外の現状や、出稼ぎ労働者の子供たちの教育機会の現状や課題、変容しつつある人々の社会的なつながりや同郷のコミュニティーへの帰属意識、学内外での教育や社会化のプロセスについて考察しました。

初めての米国での留学当初は、人類学の基礎的な理解もままならない状態でしたが、米国、英国双方で人類学を基礎から習得し、究めていく中で、「地元住民こそがその土地のスペシャリストであり、地域の人々との関わりを通じて文化や慣習を学ぶ」ことを基本的スタンスとする人類学のアプローチに深く共鳴しました。そして、このような人類学の認識に基づき、まずは地域の人々から学ぶべきことは何か、そしてその上で彼らと協力して出来ることは何かを真摯に問いながら、生涯を通じて国際協力に携わっていきたいという気持ちを新たにしました。

ベトナムでのフィールドワーク中に出会った出稼ぎ家族の親子（2010年）

教育セクターで共に働く上司や同僚達は、経済学や教育学のバックグラウンドを活かして仕事をしている人が多く、世銀全体でみても人類学者はごく少数派です。体系的に経済学や教育学を習得している同僚を羨ましく感じることもありますが、オペレーション及び分析業務を通じて、専門知識を蓄積し、それぞれの専門性を有する上司や同僚達から日々吸収し、学んでいくことが大切だと感じています。また、逆に人類学のバックグラウンドが役立っているなと感じることもあります。教育開発を含む国際協力の現場では、援助機関や政府、学校関係者、受益者、民間企業を含め、様々な利害関係者が複雑に交錯し、互いのニーズを探り、交渉を続けながら、行動し、意思決定を行っています。例えば、案件管理や政策対話を行う際に、クライアント側と世銀側との間で、問題の認識に齟齬が生じた場合、それぞれがどのような政策・戦略的観点から問題に対処しようとしているのか、齟齬をきたしている背景や原因は何なのかを俯瞰的に捉えた上で、開発効果を最大化するためにはどのような歩み寄りや施策が必要なのかを検討することは有益だと考えます。これまで、業務の一環で、複数の国の教育案件の実施完了報告書(ICR: Implementation Completion and Results Report)を執筆したのですが、様々な利害関係者やアクターがそれぞれどのように教育開発及び改革のプロセスに関わり、行動していたのか、その背景にはどのような政治的、経済的、社会文化的な要因が絡んでいたのか、どのように各アクター間のパワーダイナミクスが働いていたのか、案件の各段階（計画、実施、評価等）においてどのように軌道修正が行われたのか等、包括的な視点から分析し、これらの改革プロセスや要因が、プロジェクトの開発目標の達成や、実施・完了後の持続可能性並びに開発効果を維持する上でどのように影響し得るのかを読み解き、学ぶべき教訓を導き出す際に、人類学的な視座が大変役立ちました。

4. 今後のキャリアパス

今後は、引き続き国際協力の分野でキャリアを築いていく傍ら、以前からライフワークとして始めたいと考えていたプロジェクトにも取り組みたいと思っています。それは、海外でのフィールド調査やプロジェクトの視察を通じて出会った子ども達や、彼らを取り巻く地域の人々の暮らしや慣習を、（子どもを含めた）幅広い読者層向けの民族誌や絵本という形で紹介し、より多くの日本人が、世界の異なる地域に生きる人々の暮らしや文化に関心をもつきっかけづくりを提供することです。小・中学生時代を過ごしたインドネシアで、現地の多様な文化や価値観に触れたことが、世界に対する見方やその後の人生に大きな影響を与えた自身の体験から、子どものときから何らかの形で、異文化に触れる機会をもつことの大切さを実感しました。そこで、絵本や民族誌を通して、異なる国や地域に暮らす人々や同世代の子ども達がどのような生活を営み、文化や慣習を学び、理解し、柔軟に適応しているのか紹介することで、より多くの子ども達が異文化に対する興味を持ち、理解を深めるきっかけづくりができたらと考えています。さらに、そうした活動を通じて、未来を担う子ども達の国際理解教育の推進に貢献できたらと思っています。

教育専門官として働き始めてから、国際公務員として教育開発に携わることができる喜びを感じる一方、日々の任務をこなしていくことに必死で、なかなかワーク・ライフバランスを上手にとることができませんでした。まさに"Work to live"ならぬ"Live to work"の状態で、仕事優先の毎日を送っていました。ただ、パンデミック中、リモートワークに一時的に移行した際、セルフケアの大切さや、家族や友人と繋がりを保ち、関係を育むことの重要性を改めて実感し、残りの人生をより豊かなものにし、心身ともに健康に過ごすことができるよう、運動を始めたり、仕事以外の楽しみを見つけたり、家族や友人と過ごす時間をより大切にするようになりました。そして、何よりも、やりたいことを先送りしないことを心がけるようにしています。

5．国際貢献の将来を担う若手研究者・国際公務員を目指す方々へ

上述した通り、初めて国際公務員という職業を選択肢の一つとして具体的に考え始めたのは、大学院留学を検討し始めた学部生の頃でしたが、当時はまだオンラインや出版物から得られる情報も限られていました。それでも、国際協力の様々な分野で活動されている日本人の方々のキャリアパスに関する情報を色々な媒体から収集して読み込んだり、世銀職員として長年のキャリアを築かれていた大学時代の恩師から、国際公務員を目指す上で求められるスキルや経験について直接伺ったり、アドバイスをいただいたりしながら、一歩一歩できることを実践してきました。

まだ私自身も、キャリア形成の途中ですが、失敗や寄り道を繰り返しながらも、常に心がけていることは、少しでも面白そうだな、自分にできるかどうか一〇〇%自信はないけれど挑戦してみたいなと感じたら、まずはとりあえず扉をノックしてみることです。そして、扉が開けばめでたしですし、一度目はなかなか開かなくても何度目かで開くこともあります。あるいは、最初の扉が開かなくても、別の扉が突然開くこともあります。とはいえ、私自身、以前はどちらかというと石橋を叩いて割ってしまいそうなほどの心配性で、少しでも失敗するとすぐに悲

観的になってしまう事が多かったのです。初めての大学院留学中は、在籍していたプログラムで唯一の外国人留学生だったこともあり、一度目のComprehensive Examと呼ばれる統一試験目前、苦手科目だった自然人類学の試験を突破するのはまず無理だと悲観的になり、諦めて日本に帰ろうとした私に、人類学の教授達が「この試験を受けて仮に失敗したってこの世の終わりではないのだから、まずは受けるだけ受けてごらんなさい。」と励ましのことばをかけてくださったり、「何かあればいつでも電話してきなさい。」と言って、自宅の電話番号を手渡してくださったりしたことがありました。結果的に、苦手科目はやはり一度目は通らず、再受験でパスすることができました。この時の経験は、温かい教授等の励ましに勇気づけられると同時に、あまり頭でっかちになりすぎず、必要以上に悲観的にならず、まずはチャレンジしてみる、それで駄目なら軌道修正すれば良いという、物事への取り組み方を変える大きな契機となりました。

国際協力の現場に携わる醍醐味のひとつは、多様な社会文化的背景を有する世界各国の出身者が集う内部及び外部の関係者らと、それぞれの文化や価値観を尊重し、相互理解を深めながら、協働して業務に取り組むことができることです。さらに、これは国際協力に限らず、どの世界にも共通していえることでもあると思いますが、学びに終わりはなく、常に知見を広げ、アップデートする機会が豊富にあることです。オペレーション業務でも分析業務でも、その時々のクライアント国のニーズや、関わるプロジェクトの内容やトピックスに応じて、知識や経験を常にアップデートし、実践していくことが求められます。また、その中で新たな関係者やチーム、世銀内外の専門家や開発パートナーらとの関係を築き、深めていくことも求められます。この意味で、好奇心を原動力に、新たなチャレンジを通して研鑽を積み、成長を続けていくことができるという点も、現在の職務の醍醐味のひとつだと考えています。

私も、引き続き、若手研究者の方々、国際公務員を目指す皆様方と共に、次世代を担う子供たちのための教育機会の拡大や教育の質の向上、ひいては子供たちが学ぶ楽しさを味わえる機会や環境づくりの推進に、微力ながら貢献していきたいと願っています。

おわりに

水野谷優

本書を手に取っていただき、ありがとうございました！

最後に皆さんに伝えたいことがあります。それは、「自分の価値観がキャリアを創る！」ということです。

「自分の夢は形になる」と言ってもよかったのですが、本書を読んでお分かりのように、ここに登場するすべての方は、「表面的な思い」ではなく、学生時代の海外体験や異文化に触れた経験などを通して「自分の深いところ」で国際教育協力や教育そのものに情熱を抱いています。その情熱や思いが、国際的な舞台で活躍する国際機関職員への道を開き、彼女たちをここまで導いてきました。

本書では、実際の体験例をもとに詳しく説明していますが、国際機関での仕事は、高度な専門知識や語学力が求められるうえに、日本とは異なる文化の中で、私生活と仕事のバランスをどうとるかなど、さまざまな課題があります。国際機関全体にわたり安定したポストはほとんどなく、何年かに一度は別の任地に移動するために、組織外の人にも開かれた公募試験を受けなければなりません。そして、その競争に敗れ、組織を去る同僚も多く見てきました。また、国際機関の女性職員や家族に対する理解は、国連や世界銀行など組織間で異なりますし、同じ組織内でも職場が本部なのかフィールドなのかで変わってきます。さらに、自分のキャリアの段階や、子どもやパートナーの有無など家族の状況に応じて、個人のニーズも変わっていきます。

そうした状況の中で、国際機関でキャリアを築いてきた本書に登場する女性たちは、往々にして「将来への不安」と「自分の夢」と「現実的な制約」の間を行き来しながら、ときには「やってみなければわからない」と楽観的に、たくましくキャリアを形成してきました。一一名の方々が紹介してくれた体験談は、どれも個性豊かで、まさにオーダーメイドの手作り感がありますよね。

私は二三歳のときに青年海外協力隊で日本を離れ、国際協力に従事してから今年で二七年になりますが、私も同様に手探りでキャリアを形成してきたと感じています。大学生の頃は、国連で働く人なんて雲の上の人と同じくらい、自分とは別世界のことだと思っていました。運よくJPOに受かった時は、国連の職のグレードでいう管理職にあたるP4やP5の上司のポストには到底届かないと思っていました。気がつけば私もP5になりましたが、最初からP5を目指して戦略的にキャリアを形成したわけではなく、さまざまな寄り道をし、ときには自分のポストがなくなり強制的に異動しなければならないこともあり、右往左往しながらも、自分との対話を繰り返し、キャリアを築いてきたというのが実感です。

そうした中で、この本を手に取ってくれた皆さんに伝えたい言葉は、冒頭に書いた「**自分の根っこや価値観は形になる**」ということです。

「いろいろ悩みは尽きないが、自分の根っこや、自分の価値観をしっかり認識して、自分に正直に、手探りで行動していくうちに、なんとか自分の人生が形になっていく」ということは、科学的には証明できませんが、一つの真理だと思っています。根っこがないものは一時的に形になってもすぐ崩れてしまいますし、「形あるものはすべて、その人の心が表に現れたもの」

ではないでしょうか？

キャリア形成に「王道」があるとすれば、一つは「自分の根っことなるモチベーションを知ること」、すなわち、「どうして国際機関で働きたいのか」、「なぜ教育なのか」、「自分は何にこだわりを持っているのか」、「何を達成したいのか」、「何をしていると一番幸せを感じるのか」について、自分としっかり向き合って考えることです。誰かが進んで助けてくれることは稀です。逆に誰かが助けようと思っても、本人が望むものが明確でなければ、誰も手助けできません。また、自分の求めることが明確ならば、キャリア形成上の様々な障害は、技術的な障害として対策を講じることが可能でしょう。

自分を知ることは簡単なことではないかもしれません。しかし、本屋にある沢山の本の中から本書を手に取った時点で、すでにあなたは、自分の深いところの声に気が付いたのではないでしょうか。その意味では、あなたは「自分の深いところの一部と触れ合っている」ということですし、漠然としているかもしれませんが、ご自分の根っこや価値観を形にする第一歩を踏み出したのです。この本が、皆さんの国際協力への道をすすむ一歩となり、将来、皆さんと、国際教育協力の場で共に働く日が来るのを心より期待しています。また、国際教育協力の日常やパリでの生活をブログに書いてますので、よかったらブログを見に来て、国際教育協力を身近に感じてください！

水野谷優

ブログ「パリから見える世界」のＱＲコード

美並立人（みなみ りゅうと）　　（第 11 章）
神戸大学大学院国際協力研究科博士後期課程在籍。同大学院から経済学修士号を、復旦大学国際関係・公共事務学院（中国）から公共管理学修士号を取得。日本学術振興会特別研究員（DC1）。Cambodia Development Resource Institute（CDRI）外部研究員。専門は教育経済学、教育開発、紛争と教育、データサイエンス。

八木歩（やぎ あゆむ）　　（第 5 章、第 6 章、第 8 章）
神戸大学大学院国際協力研究科博士後期課程在籍。同大学院から経済学修士号を取得。神戸大学次世代研究者挑戦的研究プログラム（SPRING）スカラシップ研究学生、同大学博士学生プロジェクト研究員を経て、現在は日本学術振興会特別研究員（DC2）。専門は教育経済学、比較教育学、アフリカ研究、就学前教育。

横川野彩（よこがわ のあ）　　（第 1 章）
神戸大学大学院国際協力研究科博士前期課程在籍。復旦大学国際関係・公共事務学院（中国）から公共管理学修士号を取得。Cambodia Development Resource Institute（CDRI）/ 独立行政法人国際協力機構（JICA）本部 / ユネスコ・国際教育計画研究所でのインターンシップの経験を有する。専門は教育経済学、教育政策、職業・技術教育訓練。

神戸大学大学院国際協力研究科・学生アシスタント一覧
(インタビュー・文字起こし担当)(あいうえお順)

石井雄大(いしい ゆうだい)　(第9章)
神戸大学大学院国際協力研究科博士後期課程在籍。同大学院から経済学修士号を、復旦大学国際関係・公共事務学院(中国)から国際政治学修士号を取得。神戸大学次世代研究者挑戦的研究プログラム(SPRING)スカラシップ研究学生を経て、現在は日本学術振興会特別研究員(DC2)。専門は教育経済学、アフリカ地域研究、初等教育。

宇野耕平(うの こうへい)　(第2章、第3章、第10章)
神戸大学大学院国際協力研究科博士後期課程在籍。同大学院から経済学修士号を、復旦大学国際関係・公共事務学院(中国)から公共管理学修士号を取得。神戸大学次世代研究者挑戦的研究プログラム(SPRING)スカラシップ研究学生。ユネスコ・アジア太平洋地域教育局インターンシップ、ダッカ大学客員研究員(バングラデッシュ)を経て、現在はユネスコ・本部研修プログラムに参加。専門は教育経済学、教育政策、教育開発。

柴田菜摘(しばた なつみ)　(第7章)
神戸大学大学院国際協力研究科博士後期課程在籍。同大学院から経済学修士号を、高麗大学校国際大学院(韓国)から国際学修士号を取得。神戸大学次世代研究者挑戦的研究プログラム(SPRING)スカラシップ研究学生。ラオス教育スポーツ省教育専門家、独立行政法人国際協力機構(JICA)インターンシップ・プログラム(開発コンサルタント型)の経験を有する。専門は教育経済学、アジア研究、就学前教育。

廣瀬麻衣(ひろせ まい)　(第4章)
神戸大学大学院国際協力研究科博士後期課程在籍。同大学院から経済学修士号を取得。小学校教員、独立行政法人国際協力機構(JICA)青年海外協力隊(ニカラグア)、JICA関西センター国内協力員、国連広報センターインターンシップを経て、現在。養育者の関与と子どもの認知・社会情動的スキルの発達の関係について研究する。専門は、教育経済学、就学前教育。

松吉由希子（まつよし ゆきこ）（教育のためのグローバル・パートナーシップ（GPE）上級ドナーリレーションズ専門官）　第5章
サセックス大学大学院で開発と人類学の修士号を取得、コロンビア大学人文科学系大学院（フルブライト奨学生）にて博士課程単位取得後退学。コロンビア大学在学中に外務省JPO選抜試験に通り、UNICEFアフガニスタンにて勤務。その後にUNESCO本部（パリ）にて教育と緊急支援の業務に携わった後に外務省に入省し、本省・在ベトナム日本大使館にて勤務した後に再び国連に復帰し、UNESCO・UNICEFの教育部門チーフをアフガニスタン及びヨルダンで務めた後に、2018年から、世界銀行の信託基金である「教育のためのグローバル・パートナーシップ（GPE）」のパリにてドナーリレーションズのアジア総括に従事している。

矢野智子（やの さとこ）（ユネスコ・国際教育計画研究所技術協力部シニア教育専門官）　第2章
コロンビア大学人文科学系大学院にて比較教育学・教育経済学でPh.D.を取得。博士課程在学中の2003年よりユネスコ勤務。パリ本部で万人のための教育（EFA）の国際コーディネーションに関わった後、北京事務所、バンコクアジア太平洋事務所、ニューデリー事務所とアジアをフィールドに教育専門官およびマネージャーとして活動する。2018年よりユネスコ本部生涯教育システム部教育政策課にて教育計画策定や教育財政分析などの仕事に携わり、また教師も生徒も幸福になれる学校とは何かを提示したユネスコ・ハッピースクール・イニシアチブの統括も行った。教育行財政や教育計画策定を専門とし、これまでサポートした国は15か国以上にのぼる。2024年9月から現職。現職では、教育状況分析および教育計画策定にさらに特化した仕事をグローバルに行っている。

澤本亜紀子（さわもと あきこ）（世界銀行・教育部門アフリカ局教育専門官）　第 11 章
コロンビア大学人文科学系大学院にて教育人類学で Ph.D. を取得。世界銀行独立評価局、ガバナンス及び教育グローバルプラクティスのコンサルタントを経て、2017 年 8 月から現職。2024 年 8 月からナイジェリア事務所に駐在。これまで東アジア・太平洋地域及び西部・中央アフリカ地域における教育セクター案件・分析業務を担当。基礎教育の拡充並びに基礎学力の向上、非就学児童の教育機会の拡大、青少年の能力開発支援並びに教員をはじめとする教育関係者の能力向上に係る案件管理をタスクチームリーダーとして主導するほか、担当国における教育システムの改善・強化を目的とする政策面での助言を提供している。

荘所真理（しょうじょ まり）（世界銀行・教育部門アフリカ局上級教育専門官）　第 10 章
神戸大学国際協力研究科にて修士号（経済学）取得後、公立中学校教諭として勤務。その後開発コンサルタントとしてプロジェクト及び調査案件に従事。マラウイ大学教育研究訓練センター客員研究員を経て、神戸大学国際協力研究科にて博士号（学術）を国際教育開発の分野で取得し、世界銀行本部に入行。世界銀行では、人間開発局、南アジア地域局、アフリカ地域局で教育政策立案の支援、教育プロジェクト形成・実施の支援、研究等に従事。アフリカ局では、シエラレオネ、サントメ・プリンシペ、タンザニア、スーダンを担当。これまで世界銀行及び個人で教育開発に関する多数の研究文書、報告書、政策文書、論文を出版。

林川（勝野）眞紀（はやしかわ（かつの）まき）（ユネスコ・ジャカルタ地域事務所所長）　第 1 章
ロンドン大学教育研究所で教育計画の修士号を、南オーストラリア大学で幼児教育の修士号を取得。教育専門家として 30 年にわたるユネスコ、ユニセフ、JICA での勤務を経て、2023 年 7 月より現職、東南アジア 5 カ国を管轄する地域事務所としてインドネシア、ブルネイ、マレーシア、フィリピン、東ティモールにおけるユネスコ代表を兼任している。現職に就く前は、ユネスコ本部教育局 Education 2030 部の部長として、ジェンダーとインクルーシブ教育、高等教育、緊急時の教育に関するユネスコ事業を監督し、SDG4 の世界的調整メカニズムを主導。2022 年には同年 9 月に開催された国連事務総長主催の「変革する教育サミット」の事務局長を務めた。これまで、北京とバンコクを拠点に、多岐にわたる分野でアジア太平洋地域の地域・国別プログラムを統括してきた。

小原ベルファリゆり（おはら べるふぁり ゆり）（経済協力開発機構（OECD）就学前・学校教育課長）　第3章
スタンフォード大学教育大学院にて国際教育行政の修士を取得。フィリピンのNGOや、青年海外協力隊（セネガル）で青少年育成、開発コンサルティング会社アイシーネットを経て、アソシエートエキスパート制度でユニセフ派遣。また世界銀行の人間開発専門員、ユニセフのモロッコ国教育チーフとして、教育セクター計画、実施支援、ドナー調整や、ジェンダーのプロジェクトマネジメントに携わる。2014年から現職で、生徒の学習到達度調査PISAなどの80か国以上を網羅する国際教育調査や、就学前教育と学校教育全般の政策立案、実施の支援を統括する。国際科学評議会の科学教育部会やフランス教育訓練高等機関の学術評議員などの委員を歴任。

加藤静香（かとうしずか）（経済協力開発機構（OECD）教育政策アナリスト）　第4章
オックスフォード大学教育学修士課程修了。新卒として株式会社ディー・エヌ・エー（DeNA）に入社し、営業、マーケティング職を経験。早稲田大学にて国際交流の推進を担当した後、2018年より現職。高等教育、成人教育を専門とし、現在は、マイクロクレデンシャル、および、人工知能（AI）の進化が大学教育に及ぼす影響を考察するプロジェクトの責任者。過去には、大学教育と労働市場の結びつき、デジタルトランスフォーメーション（DX）に関するプロジェクトに従事。日本語著書：『高等教育マイクロクレデンシャル－履修証明の新たな次元』（2022年）。

國松茉梨絵（くにまつ まりえ）（ユニセフ・スーダン事務所教育マネージャー）　第7章
神戸大学大学院国際協力研究科で経済学の修士号と復旦大学国際関係・公共事務学院で公共政策の修士号を取得。世界銀行南アジア局教育コンサルタント、帝京大学国際学部助手・助教を経て、国連ボランティア（UNV）として、ユニセフ・エジプト事務所に勤務し、難民や移民の子どもたちへの教育支援を担当。その後、国連のジュニア・プロフェッショナル・オフィサー（JPO）に合格し、ユニセフ・スーダン事務所に教育担当官として勤務し、主に緊急時の教育支援を担当。2024年4月から現職。現在は、紛争下での教育支援プログラムの形成、実施に従事している。

執筆分担者（あいうえお順）

岩崎（吉川）響子（いわさき（よしかわ）きょうこ）（教育のためのグローバル・パートナーシップ（GPE）モニタリング評価専門官）　第6章
ロータリー財団国際親善奨学生として英国イーストアングリア大学に留学、教育と開発の修士号を取得。その後、外務省国際協力局で「日本の教育協力政策 2011 - 2015」の策定、他ドナーとの援助協調、G8/G20 サミットプロセスにおける開発関連のワーキンググループなどの業務を担当。2012 年、株式会社パデコ入社。アフリカにおける教育分野の技術協力プロジェクトにて、プロジェクトマネジメントやモニタリング評価の仕事に従事。2017 年に渡米後、ワシントン DC の GPE 事務局において主にグラントのモニタリング評価に携わる。2024 年 6 月より現職。日本評価学会認定評価士。

上野明菜（うえの あきな）（ユニセフ・大洋州事務所教育専門官）
第8章
英国サセックス大学にて開発と教育の修士号を取得。日本で高校教師としてキャリアをスタートし、日本大使館にて草の根委嘱員、世界銀行コンサルタント、東京工業大学研究員、筑波大学で勤務後、JPO 派遣制度でユニセフラオス事務所教育担当官を経て 2024 年 6 月から現職。タイ、カンボジア、ラオスなど東南アジアを中心に、途上国における全国学力調査、教員訓練など教授と学習の質の向上支援、防災と教育の分野等に携わる。現在は大洋州 14 か国における教育セクター計画（ESP）実施支援や気候変動と教育の分野を担当する。

岡本紗貴（おかもと さき）（ユニセフ・マダガスカル事務所教育専門官）
第9章
神戸大学大学院国際協力研究科にて修士号（国際学）を取得。4 年間マーケティングリサーチの会社にてリサーチャーとして勤務後、青年海外協力隊として西アフリカのベナンに派遣。コロナパンデミックの影響により、任期半年残し日本に緊急退避となる。協力隊後は開発コンサルティング企業パデコ、国際基督教大学にてリサーチアシスタントとして勤務、企画調査員（教育・援助調整）として JICA ガーナ事務所勤務後、2023 年 11 月から現職。現職では、教育の質ユニットにて習熟度別カリキュラムに特化した TaRL プロジェクト、JICA・UNICEF 連携の住民参加型教育プロジェクトのコーディネーションやリソースモビリゼーションを担当している。

編者のプロフィール

共編者

小川啓一（おがわ けいいち）（神戸大学大学院国際協力研究科教授・専攻長）　序章

コロンビア大学人文科学系大学院にて比較国際教育学・教育経済学でPh.D.を取得。世界銀行本部教育エコノミスト、神戸大学大学院国際協力研究科助教授、准教授を経て、2007年10月から現職。その間、ユネスコ国際教育計画研究所（IIEP）理事、キルギス国立大学名誉教授、ダッカ大学名誉教授、ラオス国立大学名誉教授、コロンビア大学ティーチャーズカレッジ客員教授/非常勤教授、東京大学大学院総合文化研究科客員教授、ハワイ大学教育系大学院協力教授、ジョージワシントン大学教育人間開発系大学院協力教授、復旦大学グローバル公共政策研究院協力教授、国際協力銀行シニア・アドバイザー、国際協力機構アドバイザー等を歴任。ユネスコ、ユニセフ、アジア開発銀行、米州開発銀行などでも豊富な経験を有する。国際開発研究の分野で150件以上の学術論文・著書等を出版。専門は教育経済学、教育財政学。

水野谷優（みずのや すぐる）（ユネスコ・国際教育計画研究所技術協力部部長）　最終章

コロンビア大学人文科学系大学院にて教育経済学でPh.D.を取得、青年海外協力隊（バヌアツ）、世界銀行コンサルタント、ユニセフケニア国教育チーフ、香港中文大学グローバルスタディプログラム副ダイレクター・助教授、ユニセフ本部教育データ上級アドバイザーを経て、2023年4月から現職。ケニア、シリア、パキスタン、タイ、ラオスなど、さまざまな国々で、開発と緊急支援の両局面における国際教育協力と政策立案に25年以上携わり、現職では、教育状況分析（ESA）や教育セクター計画（ESP）実施支援、国および地方レベルでの教育関係者の能力向上、教育分野における公的資金管理の改善、セクターモニタリング、地理空間データを含むビッグデータの活用など、教育計画および管理に関する技術協力を提供するチームを統括している。これまでに執筆・出版した国連報告書、政策概要、ファクトシート、学術誌は100件以上にのぼる。

編者

小川啓一（おがわ けいいち）
水野谷優（みずのや すぐる）

Globally Successful Japanese Women:
Careers of Education Development in International Organizations

世界で花開く日本の女性たち――国際機関で教育開発に携わるキャリア形成

2024年12月20日　初　版第1刷発行　〔検印省略〕

＊本体価格はカバーに表示してあります。

編者©小川啓一・水野谷優／発行者　下田勝司　印刷・製本／中央精版印刷

東京都文京区向丘1-20-6　郵便振替00110-6-37828
〒113-0023　TEL（03）3818-5521　FAX（03）3818-5514
発行所 株式会社 東信堂

published by TOSHINDO PUBLISHING CO., LTD.
1-20-6, Mukougaoka, Bunkyo-ku, Tokyo, 113-0023, Japan
E-mail: tk203444@fsinet.or.jp　URL: http://www.toshindo-pub.com/

ISBN978-4-7989-1944-7　C1036　

東信堂

世界で花開く日本の女性たち —国際機関で教育開発に携わるキャリア形成　小川啓一・水野谷優編　二三〇〇円

ミネルバ大学を解剖する　松下佳代編著　三二〇〇円

ミネルバ大学の設計書　S・M・コスリン／B・ネルソン編　松下佳代監訳　五二〇〇円

アメリカの授業料と奨学金研究の展開　小林雅之　六二〇〇円

アメリカ高等教育史 —その創立から第二次世界大戦までの学術と文化　原圭寛、間篠剛留、五島敦子、小野里拓、藤井翔太、原田早春 訳　八六〇〇円

アメリカの体育カリキュラム設計論 —その成立と展開　徳島祐彌　三四〇〇円

米国シカゴの市民性教育 —子どものエンパワメントの視点から　久保園梓　四三〇〇円

アメリカ教育例外主義の終焉 —変貌する教育改革政治　青木栄一監訳　三六〇〇円

オープン・エデュケーションの本流 —ノースダコタ・グループとその周辺　橘髙佳恵　三六〇〇円

米国の特殊教育における教職の専門職性理念の成立過程　志茂こづえ　四三〇〇円

米国における協働的な学習の理論的・実践的系譜　福嶋祐貴　三六〇〇円

アメリカにおける学校認証評価の現代的展開　浜田博文編著　二八〇〇円

現代アメリカ貧困地域の市民性教育改革 —教室・学校・地域の連関の創造　古田雄一　四二〇〇円

アメリカ公民教育におけるサービス・ラーニング　唐木清志　四六〇〇円

〔再増補版〕現代アメリカにおける学力形成論の展開 —スタンダードに基づくカリキュラムの設計　石井英真　四八〇〇円

アメリカにおける多文化的歴史カリキュラム　桐谷正信　三六〇〇円

アメリカ　間違いがまかり通っている時代 —公立学校の企業型改革への批判と解決法　D・ラヴィッチ著　末藤美津子訳　三八〇〇円

教育による社会的正義の実現 —アメリカの挑戦（1945-1980）　D・ラヴィッチ著　末藤美津子訳　五六〇〇円

学校改革抗争の100年 —20世紀アメリカ教育史　D・ラヴィッチ著　末藤・宮本・佐藤訳　六四〇〇円

アメリカ公立学校の社会史 —コモンスクールからNCLB法まで　W・J・リース著　小川佳万・浅沼茂監訳　四六〇〇円

※定価：表示価格（本体）＋税

〒113-0023　東京都文京区向丘 1-20-6　TEL 03-3818-5521　FAX03-3818-5514
Email tk203444@fsinet.or.jp　URL:http://www.toshindo-pub.com/

東信堂

リーディングス 比較する比較教育学	杉本均・南部広孝 編著	三七〇〇円
リーディングス 比較教育学 地域研究—多様性の教育学へ	近藤孝弘・中矢礼美・西野節男 編著	三七〇〇円
若手研究者必携 比較教育学のアカデミック・キャリア—比較教育学を学ぶ人の多様な生き方・働き方	森下稔・鴨川明子・市川桂 編著	二〇〇〇円
若手研究者必携 比較教育学の研究スキル	山内乾史編著	一七〇〇円
比較教育学事典	日本比較教育学会編	一二〇〇〇円
比較教育学の地平を拓く	山田肖子・森下稔 編著	四六〇〇円
比較教育学—越境のレッスン	馬越徹	三六〇〇円
比較教育学—伝統・挑戦・新しいパラダイムを求めて	M・ブレイ編著 馬越徹・大塚豊監訳	三八〇〇円
国際教育開発の研究射程—「持続可能な社会」のための比較教育学の最前線	北村友人	二八〇〇円
国際教育開発の再検討—途上国の基礎教育普及に向けて	小川啓一・西村幹子・北村友人 編著	二四〇〇円
発展途上国の保育と国際協力	浜野隆・三輪千明 著	三八〇〇円
中国教育の文化的基盤	顧明遠 著 大塚豊 監訳	二九〇〇円
中国大学入試研究—変貌する国家の人材選抜	大塚豊	三六〇〇円
東アジアの大学・大学院入学者選抜制度の比較—中国・台湾・韓国・日本	南部広孝	三二〇〇円
中国高等教育独学試験制度の展開	南部広孝	三二〇〇円
中国独立学院制度の発足・普及・変貌—高等教育発展の新たな試み	潘秋静	五四〇〇円
中国高等職業教育の展開—その制度的・教育的・文化的要因から	張潔麗	四五〇〇円
中国の職業教育拡大政策—背景・実現過程・帰結	劉文君	五〇四八円
中国における大学奨学金制度と評価	王帥	五四〇〇円
中国高等教育の拡大と教育機会の変容	王傑	三九〇〇円
中国の素質教育と教育機会の平等—都市と農村の小学校の事例を手がかりとして	代玉	五八〇〇円
現代中国初中等教育の多様化と教育改革	楠山研	三六〇〇円
日本高等教育における「グローバル人材」育成力—留学生の人材自己形成過程の視点から	譚君怡	三四〇〇円
グローバル人材育成と国際バカロレア—アジア諸国のIB導入実態	李霞 編著	二九〇〇円
文革後中国基礎教育における「主体性」の育成	李霞	二八〇〇円

※定価：表示価格（本体）＋税

〒113-0023 東京都文京区向丘 1-20-6 TEL 03-3818-5521 FAX03-3818-5514
Email tk203444@fsinet.or.jp URL:http://www.toshindo-pub.com/

東信堂

〈グローバル・スタディーズ〉叢書　第4巻 グローバル化と日本	内海博文編著	四六〇〇円
文明化と暴力—エリアス社会理論の研究	内海博文	三四〇〇円
言説の国際政治学—理論、歴史と「心の地政学」	山本吉宣	六八〇〇円
「帝国」の国際政治学—冷戦後の国際システムとアメリカ	山本吉宣	四七〇〇円
アメリカ政党システムのダイナミズム—仕組みと変化の原動力	吉野孝	二八〇〇円
危機のアメリカ「選挙デモクラシー」—社会経済変化からトランプ現象へ	吉野孝・前嶋和弘編著	二七〇〇円
オバマ後のアメリカ政治—二〇一二年大統領選挙と分断された政治の行方	吉野孝・前嶋和弘編著	二五〇〇円
オバマ政権と過渡期のアメリカ社会—選挙、政党、制度、メディア、対外援助	吉野孝・前嶋和弘編著	二四〇〇円
オバマ政権はアメリカをどのように変えたのか—支持連合・政策成果・中間選挙	吉野孝・前嶋和弘編著	二六〇〇円
2008年アメリカ大統領選挙—オバマの当選は何を意味するのか	吉野孝・前嶋和弘編著	二〇〇〇円
米中対立と国際秩序の行方—交叉する世界と地域	五十嵐隆幸・大澤傑編著	二七〇〇円
ホワイトハウスの広報戦略—大統領のメッセージを国民に伝えるために	M・J・クマー著　吉牟田剛訳	二八〇〇円
蔑まれし者たちの時代—現代国際関係の病理	ベルトランド・バディ著　福富満久訳	二四〇〇円
サステナビリティ変革への加速	国際基督教大学社会科学研究所・上智大学グローバル・コンサーン研究所編	二七〇〇円
緊迫化する台湾海峡情勢—台湾の動向二〇一九〜二〇二一年	門間理良	三六〇〇円
ウクライナ戦争の教訓と日本の安全保障	神余隆博・松村五郎著	一八〇〇円
「ソ連社会主義」からロシア資本主義へ—ロシア社会と経済の100年	岡田進	三六〇〇円
パンデミック対応の国際比較	川上高司・石井貫太郎編著	二〇〇〇円
現代アメリカのガン・ポリティクス	鵜浦裕	二〇〇〇円

※定価：表示価格（本体）＋税

〒113-0023　東京都文京区向丘 1-20-6　TEL 03-3818-5521　FAX03-3818-5514
Email tk203444@fsinet.or.jp　URL:http://www.toshindo-pub.com/

東信堂

国際取引法要説	井原　宏	三二〇〇円
国際取引法［上巻］	井原　宏	四五〇〇円
国際取引法［下巻］	井原　宏	四五〇〇円
国際技術ライセンス契約―そのリスクとリーガルプランニング	井原　宏	三二〇〇円
国際ジョイントベンチャー契約―国際ジョイントベンチャーのリスクとリーガルプランニング	井原　宏	五八〇〇円
グローバル企業法	井原　宏	三八〇〇円
判例　ウィーン売買条約	井原　宏・河村寛治 編著	四二〇〇円
グローバル化と法の諸課題―グローバル法学のすすめ	阿部克則・中谷和弘・高山佳奈子 編著	一二〇〇円
グローバル保健ガバナンス	城山英明 編著	三二〇〇円
講義　国際経済法	柳　赫秀 編著	四六〇〇円
新版　国際商取引法	高桑　昭	三六〇〇円
国際民事訴訟法・国際私法論集	高桑　昭	六五〇〇円
国際刑事裁判所―最も重大な国際犯罪を裁く〔第二版〕	洪　恵子・尾﨑久仁子 編	四二〇〇円
国連安保理改革を考える―正統性、実効性、代表性からの新たな視座	竹内俊隆・神余隆博 編著	三五〇〇円
国連の金融制裁―法と実務	吉村祥子 編著	三二〇〇円
国連安保理の機能変化	村瀬信也 編	二七〇〇円
海洋境界確定の国際法	村瀬信也・江藤淳一 編	二八〇〇円
自衛権の現代的展開	村瀬信也 編	二八〇〇円
国連安全保障理事会―その限界と可能性	松浦博司	三二〇〇円
集団安全保障の本質	柘山堯司 編	四六〇〇円
憲法と自衛隊―法の支配と平和的生存権	幡新大実	二八〇〇円
イギリス憲法Ⅰ　憲政	幡新大実	四二〇〇円
イギリス債権法	幡新大実	三八〇〇円
人道研究ジャーナル5～13号【続刊】	日本赤十字国際人道研究センター編	各二〇〇〇円 12号二三〇〇円
戦争と国際人道法―その歴史と赤十字のあゆみ	井上忠男	二四〇〇円
第二版　世界と日本の赤十字―世界最大の人道支援機関の活動	桝居　孝・森　正尚	二五〇〇円

※定価：表示価格（本体）＋税

〒113-0023　東京都文京区向丘 1-20-6　TEL 03-3818-5521　FAX03-3818-5514
Email tk203444@fsinet.or.jp　URL:http://www.toshindo-pub.com/